特色小（城）镇
培育发展机制创新
与质效提升研究

郭方 郭荣朝 ◎ 著

中国财经出版传媒集团
经济科学出版社
Economic Science Press

图书在版编目（CIP）数据

特色小（城）镇培育发展机制创新与质效提升研究/
郭方，郭荣朝著. —北京：经济科学出版社，2021. 12
ISBN 978 - 7 - 5218 - 3293 - 8

Ⅰ. ①特… Ⅱ. ①郭…②郭… Ⅲ. ①小城镇 - 城市
发展 - 研究 - 中国 Ⅳ. ①F299. 21

中国版本图书馆 CIP 数据核字（2021）第 253688 号

责任编辑：孙丽丽 胡蔚婷
责任校对：隗立娜
责任印制：范 艳

特色小（城）镇培育发展机制创新与质效提升研究
郭 方 郭荣朝 著
经济科学出版社出版、发行 新华书店经销
社址：北京市海淀区阜成路甲 28 号 邮编：100142
总编部电话：010 - 88191217 发行部电话：010 - 88191522
网址：www. esp. com. cn
电子邮箱：esp@ esp. com. cn
天猫网店：经济科学出版社旗舰店
网址：http://jjkxcbs. tmall. com
北京季蜂印刷有限公司印装
710×1000 16 开 13. 75 印张 200000 字
2021 年 12 月第 1 版 2021 年 12 月第 1 次印刷
ISBN 978 - 7 - 5218 - 3293 - 8 定价：56. 00 元
（图书出现印装问题，本社负责调换。电话：010 - 88191545）
（版权所有 侵权必究 打击盗版 举报热线：010 - 88191661
QQ：2242791300 营销中心电话：010 - 88191537
电子邮箱：dbts@ esp. com. cn）

本书获得以下基金项目支持：国家社科基金一般项目（17BYJ047）、国家社科基金重大项目（20&ZD185）、河南省社科规划项目（2019CJJ071）、河南省社科规划决策咨询项目（2021JC11）、河南省自然科学基金项目（212300410326）、广州市哲学社会科学发展"十三五"规划 2019 年度青年学人课题（2019CZQN38）、河南省高校哲学社会科学应用研究重大项目（2022 - YYZD - 02）、河南省教育厅人文社会科学研究一般项目（2021 - 22JH - 025）

前　　言

随着经济社会发展水平的进一步提高，我国社会主要矛盾已经转化为人民日益增长的美好生活需要和不平衡不充分的发展之间的矛盾，人民群众对美好生活的向往已经成为社会市场需求的重要发展方向。在此背景下，特色小（城）镇的培育建设发展已经成为专家学者以及各级政府关注的热点问题，2016 年以来得到较快发展。

国内外专家学者，尤其是西方发达国家或地区的专家学者，对小（城）镇的培育建设发展进行了较为全面的研究，主要侧重于小（城）镇的战略地位、发展现状、影响因素、评价体系、存在问题、市民化意愿、发展模式、发展趋势、经验启示、发展策略、规划设计等方面。然而，有关我国特色小（城）镇培育建设发展的机制创新、质效提升等方面的研究成果则较少。

新时代对特色小（城）镇的培育建设发展提出了新的更高的要求，需要经济社会环境的耦合健康协调发展，需要劳动地域分工理论、产业集群理论、生态学原理以及可持续发展理论等相关理论的有效指导，以便于充分发挥小（城）镇的资源禀赋特色优势，培育建设发展符合社会市场需求趋势的特色主导产业集群，形成宜居宜业宜游的生产生活生态融合发展的特色小（城）镇。

我国特色小（城）镇发展经历了酝酿勾画、探索实践以及推广整合三个阶段。由于受资源禀赋、地形地貌、区位条件、产业发展、人口数量、基础设施、政策驱动、文化特色、科学技术、信息平台、城镇化水平、经济社会发展水平等因素的影响，目前已初步形成了生态休闲型、特色农业型、特色文化型、商贸物流型、运动休闲型、特色工业型、信息技术型、文化创意型、企业总部型、金融商务型等各种类型的特色小（城）镇。呈现出地域差异较大，特色产业类型多样，以特色传统产业为主，基础服务设施有待提升等特点。仍然存在着管理主体多元，缺乏统一标准，地方个性不足，特色主导产业模糊，整体规划滞后，资源整合不畅，运营模式落后，投融资渠道少，市场主导不强，具有房地产化倾向等诸多问题。

他山之石可以攻玉，借鉴西方发达国家或地区在小（城）镇建设方面的成功经验，以便于更好地指导我国特色小（城）镇的培育建设发展。具体包括：日本特别注重小（城）镇地方特色文化资源的挖掘利用；德国的企业、市民、其他非政府组织的积极主动参与小（城）镇规划建设；英国注重小（城）镇的文化保护、品质提升、特色培育与可持续发展；美国非常重视小（城）镇特色以及环境建设；丹麦、法国、瑞士、意大利等其他发达国家注重小（城）镇建设的政府引导、因地制宜、以人为本。

特色小（城）镇的培育建设发展受多种因素影响，在其健康发展过程中，既要对小（城）镇自身的资源禀赋优势进行充分挖掘，尤其是对传统文化资源优势的充分挖掘，更新思想观念，培育发展特色主导产业（集群）；同时也要抢抓国家新型城镇化战略、乡村振兴战略实施等机遇，突破壁垒限制，创新治理体制等，继而实现各种影响因素之间的耦合驱动创新，才能推动特色小（城）镇的健康可持续发展。

特色小（城）镇培育建设发展的最终目标就是实现其质量提高和效益提升。从产业业态特色鲜明，生态环境美丽宜居，传统文化彰显特色，设施服务便捷完善以及体制机制充满活力等方面构建了特色小（城）镇培育建设发展质效提升的目标体系；从特色产业（集群），金融支持，生态建设，传统文化，设施服务以及治理创新等方面提出了特色小（城）镇质效提升的实施路径。

本书主要以浔龙河特色小（城）镇为例，介绍浔龙河特色小（城）镇依据自身禀赋资源优势以及社会市场需求变化趋势，按照"城镇化的乡村，乡村式的城镇"的目标要求推进特色小（城）镇建设，以生态产业为基础、教育产业为核心、文化产业为灵魂、康养产业为配套、旅游产业为抓手，实现"景观农业＋旅游产业＋生态居住"的有机结合；通过市场机制创新、政府主导机制创新、农民意愿充分表达以及基层组织参与管理四个方面的耦合创新驱动，推动着特色小（城）镇的健康可持续发展。

特色小（城）镇的培育建设发展，要立足地方禀赋特色挖掘，科学合理确定发展目标；统筹兼顾生产生活生态，做好特色元素规划设计；重视主导产业自生能力，推进产业集群高端发展；积极强化市场主导作用，处理好政府与市场关系；及时地引入社会化主体，大力发展特色产业基金；文化—产业—社区协同发展，补齐小（城）镇功能性短板；健全完善技术支撑机制，实现大众创业、万众创新；鼓励探索强化管理并举，推动土地利用合理高效；加强培育建设动态管理，适时进行淘汰更新补充；健全完善扶持政策措施，形成有效培育发展合力。

特色工业型小（城）镇，要依据自身禀赋优势进行特色工业定位，集中在一个或者几个工业产业做精做细，才能够根据社会市场需求发展趋势及时地进行特色产业的转型升级。特色农业型小（城）镇要在"农"字上下功夫，拉长产业链条，形成特色农业产业集群，实现三次产业之间的有效融合。生态休闲型特色小（城）镇要实现"生态产业化"和"产业生态化"，适度引进新业态，培育新的经济增长点，实现高质量发展。传统村落文化保护型特色小（城）镇要健全法规制度保障，开发传统文化资源，培育发展附加产业，及时建立综合转化机制。金融商务型特色小（城）镇要科学规划功能分区，与金融商务中心错位发展，坚持服务设施配套先行，实现"三生"有机融合。特色文化创意型小（城）镇要创新发展文化创意种类，进一步拉长了文化创意产业链条，形成文化创意特色产业集群。

目 录

第一章

引　言

特色小（城）镇的培育建设发展不仅需要一定的经济产业基础、社会文化氛围、科技信息支持和良好的生态环境，而且还必须具有较大潜力的社会市场消费需求趋势，与区域经济—社会—文化—环境发展水平之间有着密切的联系。

一、特色小（城）镇内涵特征

（一）特色小（城）镇一词的来源

根据中国知网查询，我国"特色小（城）镇"一词的来源，最早出现在《小城镇建设》1997年第5期的县镇长论坛栏目中，由时任枣阳市人民政府副市长艾文金提出（艾文金，1997）。其次出现在2006年以来的云南、海南、北京、天津等省市的特色小城镇建设实践，相继提出了"立足特色化发展，提升小城镇的综合竞争力"等小城镇建设发展引导方向。再者就是2014年以来浙江省进行的创新探索，提出了将特色小镇打造成为供给侧结构性改革和创新创业的产业发展新平台。

（二）特色小（城）镇概念界定

镇，其含义之一就是指地方、地点。具体包括：军事上重要的地方，中国县以下的行政区划单位，较大的集市等。专指地方的镇的词语主要有小镇、乡镇、市镇、城镇等。

因此，无论是小镇，还是小城镇，都是与乡村有着本质区别的居民点。其特征主要包括以下几个方面：一是以从事非农产业（第二产业、第三产业）活动人口为主的居民点，在经济活动构成方面与乡村（第一产业）有着明显的区别。二是一般聚居有较多的人口，在人口数量规模上区别于乡村。三是要有比乡村大得多的建筑密度、建筑高度和人口密度（建筑密度大、建筑物高，人口密度大、人流量大），在景观上明显区别于乡村（建筑密度小、建筑物低，人口密度小、人流量小）。四是在物质构成方面具有给排水、街道、影剧院、文化馆等市政基础设施和公共服务设施，不同于乡村。五是在职能类型上一般是工业、商业、交通、文教等第二产业、第三产业的集中地，是一定地域的政治、经济、文化中心，明显区别于乡村。六是在生活方式、价值观念、人口素质等许多方面也与乡村存在着较大差异。

1. 小（城）镇的行政地域

为了便于管理，国家民政部门往往根据人口规模（尤其是非农产业人口及占比）、第二、第三产业产值及占比、地方本级预算内财政收入、行政地位、老（老区）少（少数民族地区）边（边远地区、边境口岸）山（山区）矿（矿区）等特殊地区情况，按照一定的标准或程序，在行政区划上分别设置了市、镇和乡、村等建制，并确定了它们的行政管理边界。小城镇在我国往往是指建制镇，也就是建制镇管辖的行政地域，一般下辖几十平方公里。建制镇，既管辖一定的城镇建成区，同时也管辖多个行政村；而小镇往往是在乡、建制镇、街道办事处等行政管辖地域范围内的一个独立单位，按照我国特色小镇的培育建设标准，多在3平方公里左右，核心区在1平方公里左右，且属于城镇规划区，这也是二者的本质区别之处。

2. 小（城）镇的实体地域

现代社会很难从小（城）镇与乡村之间划分出一条具有严格科学意义的界线。在古代，小（城）镇的外围筑有城墙，城墙以内尽管也常常拥有大片的农田，但毕竟还是和外围的乡村之间划出了一条明显的界线。工业革命以后，乃至进入现代社会，非农产业（第二产业、第三产业）的快速发展使城镇早已突破城墙（圈），像摊大饼一样向外拓展蔓延，城墙一类明显的城乡之间的界线已不复存在，但每个小（城）镇毕竟还是有其相对集中的地方，也就是城乡规划中所称的城镇建成区（或城镇规划区），即，小（城）镇的实体地域。在西方经济发达国家（或地区），大多数情况下是小（城）镇的行政地域小于实体地域；而我国绝大多数情况是建制镇的行政地域远远大于其实体地域。在这里，建制镇与小镇具有相同的含义，即，小（城）镇的实体地域。

3. 小（城）镇的功能地域

小（城）镇的建成区或城市化地区，反映了城镇作为人口和各种非农产业活动高度密集的地域而区别于乡村，代表建制镇的实体地域。小（城）镇的实体地域边界易于变动，随着城镇发展过程中的离心扩散作用增强，以一日为周期的商业、教育、就业、娱乐、医疗等城镇功能所波及的范围已经超出城镇建成区或城市化地区。也就是说，小（城）镇的功能地域远大于其实体地域。而且，随着城镇经济社会发展水平的不断提高，经济社会发展越来越发达，交通设施也越来越便利，小（城）镇与周围地区联系的范围越来越大，其间的经济社会联系越来越频繁，城乡之间的分界也就越来越模糊，这就要求建立一种城镇的功能地域概念来适应这种变化。

关于特色小（城）镇内涵的界定学术界仍然存在着不同的观点。然而，主流观点认为特色小（城）镇应该是一个包容性很强的概念。我国地域幅员辽阔，地形地貌类型多样，自然资源环境条件也复杂多变，原有的经济社会发展基础差异很大，文化科技教育水平也存在着巨大差异。因此，在我国特色小（城）镇的培育建设发展过程中，不应该拘泥于某一方面的限定，而应突出聚焦于特色鲜明的产业培育升级、源远流长的历史文化、美丽的生态环境的修复维护等多种生产要素的融合，以便于形成"生产—生活—生态"功能有机融合区。

4. 特色小（城）镇的内涵

综上所述，本书将特色小（城）镇的内涵界定为：依托地方特色资源禀赋（人文资源、自然资源或是人文资源与自然资源的有机结合），遵循循环—低碳—生态经济社会发展规律，尤其是遵循社会市场需求变化规律，体制机制充满活力，培育发展特色产业，融入现代科技与本地特色文化要素的经济—社会—环境协调发展的城乡一体化经济功能集聚的实体地域（见图1-1）。由此可以看出，我们所界定的特色小（城）镇的内涵，既包括早期的北京、天津、河北等省市特色小城镇建设实践的传统建制镇的镇区（实体地域或功能地域），也包括后期的浙江、江苏等区域经济发达省市新建的块状经济区（小镇，类似于建制镇的实体地域或功能地域），二者都是以非农产业为主导的经济功能区。特色小（城）镇（以下均包括特色小镇和特色小城镇），既与大城市、特大城市、超大城市进行有效对接，也对广大乡村地域进行覆盖，在区域经济—社会—文化—环境发展中起着重要的承上启下作用，是加强城乡联系实现城乡一体化发展的桥梁纽带。

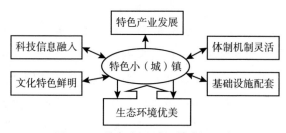

图1-1　特色小（城）镇内涵示意

（三）特色小（城）镇的本质特征

无论是小（城）镇的实体地域，还是功能地域，特色小（城）镇的培育建设发展都必须突出"特""小""镇""精"这些本质特征（杨振之、蔡寅春、谢晖基，2018）。

1. "特"

"特"主要指小（城）镇自身禀赋的特色资源，包括：独特的自然资源、独特的区位优势、独特的历史文化、独特的生态环境、独特的产业发展等，这些众多独特因素或部分独特因素融合而形成小（城）镇的独特之处。即，"人无我有，人有我优"的本质特色。

2. "小"

"小"在这里仅仅是一个形容词，主要是对城镇的规模予以限制，城镇的规划面积一般控制在3~5平方公里，核心区的面积不超过1平方公里，聚集的人口规模控制在1万~3万人的范围。

3. "镇"

"镇"在这里也是一个限定词，是相对于已经形成的大、中、小型城市而言，在发展规模上令其空间尺寸与其需要相匹配，为安排居民健康生活而设计的城镇，其内在发展中兼具城市与乡村的优点，实际上是一个介于大城市与乡村间的居间概念，是一个以实体地域或功能地域为特征的特色镇（characteristic town），可以是一个建制镇的实体地域或功能地域以及多个特色小镇的并荣，也可以是单个特色小镇与建制镇的高度融合。

4. "精"

"精"主要是指特色小（城）镇在狭小的（规划面积 3～5 平方公里，核心区面积不超过 1 平方公里）块状范围内，进行高密度的资本投入、资源开发和空间重构，聚焦于某一特色产业的发展，形成融合文化、旅游、社区等功能于一体的高效运转的创新创业发展平台，接近自然，尊重传统，布局多样，不贪大求全，业态混合，便捷宜居，以"慢"为主题，以休闲为主导。最终使特色小（城）镇的自然人文特色更加鲜明，人与自然更加协调，生产—生活—生态融合质量进一步提升（信桂新、熊正贤，2019）。

二、特色小（城）镇培育建设是经济社会发展到一定阶段的产物

全世界现有 50 多万个所谓的"镇"，其中西方经济发达国家 60% 的小（城）镇为特色小（城）镇，而我国的特色小（城）镇仅占 15%。

（一）特色小（城）镇培育建设发展需要一定的经济社会与生态环境基础

1. 雄厚的资金支持是特色小（城）镇培育建设发展的关键环节

根据我国各省、市、自治区已公布的特色小（城）镇的资金投入计划，高的可达到 100 亿元左右，低的一般也需要 10 亿元，平均在 50 亿元左右。如果按照国家发展和改革委员会、财政部、住房和城乡建设部计划的到 2020 年培育建设 1 000 个特色小（城）镇，资金需求总量将达到 5 万亿元；如果按照各省、市、自治区提出的培育建设发展目标约有 2 000 个

特色小（城）镇，那么资金需求总量将达到 10 万亿元左右。①

2. 浓厚的文化氛围是特色小（城）镇培育建设发展的灵魂所在

特色不是一蹴而就的，无论是特色产业的培育发展，还是特色文化的深入挖掘，都需要源远流长的文化积淀。特色文化是特色小（城）镇培育建设发展的灵魂所在，而不是简单的一些房地产开发以及一些基础设施的建设，如果没有特色文化与特色产业的有效融合，特色小（城）镇的培育建设将失去特色，特色小（城）镇的发展将无从谈起，就好比是"失去灵魂的躯干"。例如，第二批入选住房和城乡建设部发布的特色小（城）镇名单中的南昌市湾里区太平镇，其功能定位就是"慢生活休闲旅游小镇"，其特色文化主要体现在象棋文化、宗祠文化、农耕文化等方面。因此，在其特色产业培育发展方面就必须与其特色文化有机地结合起来，建设特色文化艺术街区，形成特色商业步行街，建设生态客家文化度假村等。让游客通过了解村庄建筑布局、参与象棋比赛等活动来传递象棋文化；让游客通过参观学习宗祠文化"四知堂"，来了解传播"四知文化"的历史渊源等。

3. 突飞猛进的科学信息技术使特色小（城）镇的培育建设发展成为可能

20 世纪末，尤其是 21 世纪初期以来，科学信息技术得到了突飞猛进的发展，尤其是交通通信条件发生了翻天覆地的变化，互联网已成为人类社会发展过程中不可或缺的关键环节。无论是城市近郊的特色小（城）镇，还是偏僻的特色小（城）镇，只要具有其他小（城）镇无法比拟的特色优势（资源禀赋优势），并且符合社会市场消费需求发展趋势，都会逐步地得到培育开发建设，以适应经济社会发展水平提高以后人们的多元化需求。因此，随着科学信息技术产业以及交通运输产业的快速发展，空间距离障碍将逐步不复存在，"地球村"已经形成，无论是处于祖国的"天涯海角"，一些特色小（城）镇的培育建设发展都将成为可能。

4. 良好的生态环境是特色小（城）镇培育建设发展的前提基础

特色小（城）镇不是已有的产业园区，而是"产业特色鲜明、文化底蕴浓厚、生态环境优美、兼具旅游和社区功能的创新创业平台"，是新型

---

① 资料来源：https://business.sohu.com/20160503/n447408125.shtml。根据 2016 年、2017 年国家发改委发布的通知，以及各省市特色小城镇建设投资情况计算得到。

城镇化推进过程中的产物，是特色产业、特色文化与良好的生态环境的有效融合。例如，英国小（城）镇的规划建设就特别注意与周边自然生态环境的有效结合，既要保护那些肥沃的农田，又要保护河流、湖泊、小溪、沼泽、山坡、林木等生态环境资源；在规划设计方面遵循"零能源发展"理念，充分利用可再生能源，追求能源资源和废弃物的循环利用以及经济社会发展的低碳行为，以便于最大限度地减少对生态环境的污染。

（二）特色小（城）镇培育建设发展迎合了社会消费水平提高的需要

在不同的经济社会发展阶段，由于人们的收入的差异，对其社会消费需求就会产生很大影响。主要表现在以下两个方面：

1. 需求收入弹性系数

需求收入弹性系数是经济学中用于衡量消费者对某种商品或服务的需求量随收入变化而发生变化的情况。也就是指，需求变化百分比与收入变化百分比之间的比值。对于一般商品或服务而言，随着收入的增加，其需求量也会随之不断增长，需求收入弹性系数为正值。据此，我们可以把需求收入弹性系数划分为以下五种类型：一是高需求收入弹性（富有弹性）。也就是当需求收入弹性系数大于 1 时，说明该种商品或服务多为奢侈品或高档商品（服务）。例如，定制跑车，购买名牌服装，打飞的去国外看体育比赛等。即，随着人们收入的不断增加，用于生活必需品方面的支出虽然也随之增加，但增加幅度必然有限，而用于高档商品、奢侈品或服务等方面的增加幅度却是无限的。因此，需求收入弹性系数越大，用于高档商品、奢侈品或服务等方面的支出就越多，增加幅度也就越大（见图 1 - 2a）。二是低需求收入弹性（缺乏弹性）。当需求收入弹性系数小于 1 时，说明该种商品或服务多为人们的生活必需品。如食盐、面包、衣服等基本生活用品。这些生活必需品在人们的日常生活中是不可或缺的，即使没有收入，举债也要维持自身生命的存在（见图 1 - 2b）。与此同时，还有单位需求收入弹性、0 需求收入弹性、负需求收入弹性等三种特例。单位需求收入弹性（单一弹性），也就是需求收入弹性系数等于 1（见图 1 - 2c），需求的增加幅度与收入的增加幅度相同，这时的商品或服务仍然是多数为人们的生活必需品，当然也包括一般的旅游服务等；0 需求收入弹性（完全弹性），说明是一种对高档商品、奢侈品或服务的无限制需求，也就是当收入（钱）一定时，对高档商品、奢侈品或服务的需求是无限制的，即，有多余的收入就消费，没有就不消费（见图 1 - 2d）；负需求收入弹性（完全无弹性），主要是对生活必需品的需求情况描述，即，为了维持自身生命存在的最低消费，既是举债也要进行消费，否则生命就无法继续（见图 1 - 2e）。

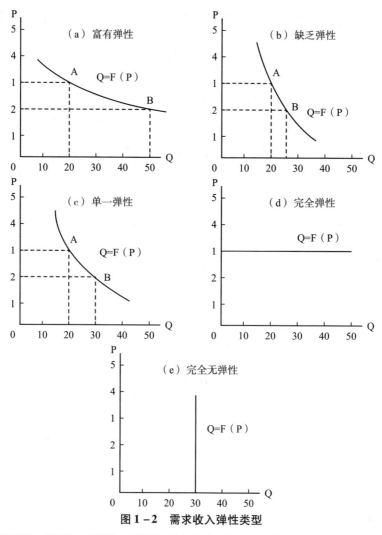

图 1 - 2　需求收入弹性类型

资料来源：张秀生，卫鹏鹏. 区域经济理论［M］. 武汉：武汉大学出版社，2005.

因此，特色小（城）镇的培育建设发展是经济社会发展到一定阶段的产物。也就是由于社会市场需求的出现，那么供给侧方面，就要进行相应的生产，当需求收入弹性系数大，尤其是富有弹性的时候，特色小（城）镇的培育建设发展就被提到重要的议事日程上。具体来说，就是在人们的需求收入弹性系数不断增大时，人们对具有个性的时尚的特色产品或服务的需求量自然就会大幅度增加，而这些具有个性特色的产品或服务一般不会在大城市、特大城市生产，主要集中于城市近郊或者一些很有特色的偏远小（城）镇进行个性化生产，继而促进特色小（城）镇的培育建设发展。同时也说明，特色小（城）镇的培育建设发展不能盲目地推进，要根据经济社会发展水平提高的情景有计划有步骤地通过市场机制进行有效调节，使其市场供需达到基本平衡。

2. 马斯洛的需求层次理论

亚伯拉罕·马斯洛的需求层次理论认为，人类的需求由低到高可以划分为生理需求、安全需求、社交需求、尊重需求以及自我实现需求五个等级层次（见图1-3）。

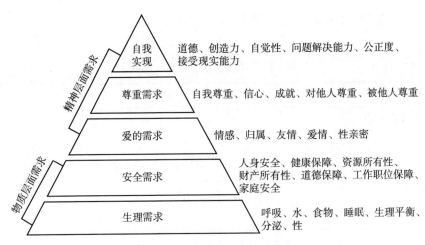

图1-3 马斯洛需求层次理论

资料来源：关金艳. 基于需求理论的青少年心理辅导长效机制研究［J］. 理论界，2013（12）：182-184.

马斯洛的需求层次理论与特色小（城）镇的培育建设发展有着密切关系。该理论从另外一个侧面说明了人们的需求是随着经济社会的发展而随之发生变化的，也就是当人们的物质生活需求得到满足之后，人们的情感归属、社会交往、尊重与被尊重以及自我实现等不同层次的精神生活需求随之成为新的激励因素，激励人们开始追求具有个性化的特色产品或服务，即，高档商品、奢侈品或服务。如当城市生活节奏较为紧张、雾霾较为严重时，人们重要的精神需求之一就是想方设法到生态环境幽静美好、基础设施配套齐全的具有"慢"生活的特色小（城）镇进行休闲度假等，放松心情，以缓解工作节奏快、生活节奏紧张等压力。马斯洛需求层次理论中人们对精神价值需求的不断增加，就是推动特色小（城）镇培育建设发展的重要动力之一（关金艳，2013）。

（三）特色小（城）镇是新型城镇化体系的重要载体

1. "城市问题"日益凸显

改革开放 40 年来我国的城市化水平、城镇常住人口、城市数量、城市人口规模以及城市建成区面积都发生了巨大的变化，有力地促进了经济社会的快速发展（见表 1 - 1；刘晓萍，2019）。

表 1 - 1 　　　　　　　　1978～2017 年我国城市发展情况一览

项目	1978 年	2018 年	增长情况
城市化水平（%）	17.92	59.58	年均增长 1.045 个百分点
城镇常住人口（亿人）	1.72	8.31	年均增加 0.165
城市数量（个）	193	668	3.46 倍
400 万人以上城市（个）	1	20	20 倍
城市建成区面积（万平方公里）	0.7	5.85	8.36 倍

资料来源：国家统计局. 中国统计年鉴（2019）[Z]. 北京：中国统计出版社，2019.

在我国城镇化快速推进的同时，也出现了如下一些问题：各个城市竞相拉大框架，致使城镇建设用地粗放扩张；农业机械化的推进解放出更多的农业剩余劳动力，由于其缺乏相应的工作技能，致使大量农业转移人口难以融入城市社会；城乡规划、经济社会发展规划、土地利用总体规划、生态环境规划等隶属于不同的行政管理部门，致使城镇的空间分布和规模等级结构与资源环境承载能力矛盾突出；自然历史文化遗产保护不到位，乃至遭到破坏；尤其是"大城市"的交通拥堵问题、生态环境问题日益突出；等等。因此，特色小（城）镇的培育建设发展在我国城镇化演进过程中的地位作用和功能定位也越来越突出。

2. 特色小（城）镇的抓手作用逐步明晰

特色小（城）镇是完善我国城镇等级规模结构与优化空间布局的重要载体。我国城镇化的总方针从原来的控制城市规模转向到目前的以建设城市群为主体，构建大、中、小城市和小（城）镇协调发展的城市化格局，特色小（城）镇的培育建设发展被提到重要的议事日程。2001年"十五"计划纲要取消了"严格控制大城市规模的方针"，提出要"走符合我国国情、大中小城市和小（城）镇协调发展的多样化城镇化道路"。"十一五""十二五""十三五"规划纲要在继续坚持大中小城市和小（城）镇协调发展的基础上，提出要把城市群作为推进城镇化的主体形态。大城市周边的特色小（城）镇，要依据自身比较优势和劳动地域分工，加强与中心城市之间的统筹规划，明确自身的功能定位，配套完善基础设施建设，逐步发展成为休闲旅游、民俗文化传承、商贸物流、科技教育、智能制造的专业特色小（城）镇。地理位置偏远的特色小镇和小（城）镇，要依据自身网络节点或某一方面的比较优势，进一步完善基础设施和公共服务设施，将其发展成为服务农村、带动周边地区的综合性特色小镇和小（城）镇（刘晓萍，2019）。

由此可以看出，特色小（城）镇的培育建设发展是对推进农业转移人口市民化的有效补充。无论是我国的城镇化进程，还是世界的城镇化进程，都充分说明，人口向大城市，特别是向特大城市和超大城市集中。小（城）镇在城镇化过程中的贡献率逐步降低。例如，从1990年到2011年的21年间，我国小（城）镇的贡献从50.2%降低到36.4%，下降了近14

个百分点。[①] 尽管小（城）镇在人口城镇化的贡献率上只能充当配角，只是人口城镇化的有效补充，但小（城）镇的发展是城镇体系健全完善过程中必不可少的组成部分。

三、特色小（城）镇培育建设发展问题的提出

（一）经济社会发展进入新时代

1978 年，党的十一届三中全会在北京召开，全会的中心议题就是根据邓小平同志的指示讨论把全党的工作重点转移到经济建设上来，标志着我国的改革开放正式开始。经过改革开放 40 多年的发展，我国经济社会发展取得了举世瞩目的成就：从封闭半封闭的高度集中的计划经济体制成功转向充满活力的全面开放的社会主义市场经济体制，从温饱半温饱的生活状态转向基本实现小康生活，综合国力得到了极大提升。在 1978 ~ 2017 年的 40 年间，经济总量占世界的份额已从 1.8% 提升至 15% 左右，已成为全球经济发展的主要动力源（见表 1 - 2）。

表 1 - 2　　　　　1978 ~ 2017 年中国经济发展变化情况一览

2017 年 GDP	年均增速	经济地位	工业地位	货物贸易地位	外汇储备地位	对世界经济贡献
80 万亿元	9.5/%	世界第二	世界第一	世界第一	世界第一	30%

资料来源：刘晓萍. 科学把握新时代特色小镇的功能定位［J］. 宏观经济研究，2019（4）：153 - 161.

随着我国经济总量的快速提升，人均 GDP 也发生了翻天覆地的变化，由 1978 年的人均 GDP 381 元（人均 226 美元）增长到 2018 年的 64 644 元（人均 9 800 美元），年均增速达到 29.26%（按美元计年均增速为 20.74%）。[②] 由于我国人均国民生产总值的快速增加，人民群众的生活水平也提升到一

---

① 刘晓萍. 科学把握新时代特色小镇的功能定位［J］. 宏观经济研究，2019（4）：153 - 161.
② 国家统计局. 中国统计年鉴（2019）［Z］. 北京：中国统计出版社，2019.

个新的高度。如今，空调、冰箱、彩电、洗衣机、微型计算机、平板电脑、智能手机、摩托车、小轿车等商品已经普遍成为寻常百姓家的必备设备，甚至地面清洁机器人也已进入寻常百姓家庭。2017 年我国国内旅游市场游客已经达到 50 亿人次，人均出游 3.7 次；出境旅游市场游客为 1.29 亿人次，已经多年保持着世界第一大出境旅游客源国地位，国内外旅游早已成为人民生活中的刚需。由此可以看出，需求收入弹性系数更大的品牌服装、时尚服装、休闲度假旅游等高档商品或服务的需求将成为我国未来社会市场需求发展的趋势。我国经济社会发展已经进入一个新时代，具体表现在以下两个方面：

1. 经济发展由注重"量"的增加转向注重"质"的提升

改革开放 40 余年来，我国经济社会得到了快速发展。2017 年我国国内生产总值已达到 80 万亿元，占世界经济总量的 15% 左右，稳居世界第二经济大国地位。然而，我国的经济发展质量还有待于不断提升。

一是经济结构有待于进一步优化升级。经济结构优化，尤其是产业结构的转型升级已被提到重要的议事日程上。主要表现在高新技术产业、金融业、旅游业等新兴产业所占比重有待于进一步提升，传统的钢铁产品、农产品等工农业产品出现结构性过剩，供给侧的结构性改革任重道远，要进一步巩固"三去一降一补"（即去产能、去库存、去杠杆、降成本、补短板）成果，引导生产要素向高效率产业或地方流动，继续处置"僵尸企业"，加速壮大新动能，加速降低营商成本，使我国的经济社会发展逐步由中国制造向中国创造转变，使经济产业结构发生根本性改变。

二是自主创新有待于进一步加强。尽管我国的经济总量已稳居世界第二经济大国地位，但我国的自主技术、核心技术的弱点仍然比较突出，仍然受制于人；我国的技术进步贡献率仍然有待于进一步提升，尤其是工业的技术进步、技术选择、研发效率仍待进一步提高；企业技术创新制度体系仍然有待于进一步完善；技术创新的基本路径有待于进一步探讨；知识型、科技型企业管理与薪酬激励有待于进一步放开。

三是"乡村振兴"战略的有序推进。农村、农业、农民等乡村发展问题已经成为制约我国经济—社会—环境健康可持续发展的主要瓶颈，党的十九大报告明确提出"实施乡村振兴战略"，也就是有序推进乡村的建设发展，逐步消除城乡二元结构，统筹城乡发展，最终实现城乡一体化发展。

2. 我国城镇化水平进入一个新的阶段

我国的城镇化发展已由注重人口城镇化逐步转向注重城镇质量的提升。改革开放初期的 1978 年，我国城镇化水平只有 19.7%，2018 年底常住人口城镇化水平已提高到 59.58%，40 年间年均持续提高 0.997 个百分点，城镇常住人口已经达到 8.3 亿人。①

与此同时，我国城镇化的方针也发生了很大变化。20 世纪 80 年代，我国的城市化路线为"控制大城市规模，合理发展中等城市，积极发展小城市"，这一时期的小城市和小城镇得到了较快发展，与 1978 年相比，到 1989 年建制镇的数量增加了 8 000 多个。1990 年 4 月 1 日开始实施《中华人民共和国城市规划法》，对完善我国城镇体系起着积极作用。在第十个五年计划期间，我国的城镇化水平由 2000 年的 36.22% 提高到 2005 年的 42.99%，年均提升 1.35 个百分点，得到较快发展。② 中央的"十一五"规划建议以及党的十七大报告相继提出的城市化路线方针为：走中国特色城镇化道路，城乡统筹，促进大中小城市和小城镇协调发展。并于 2008 年 1 月 1 日开始实施《中华人民共和国城乡规划法》。国家的"十二五"规划纲要、"十三五"规划纲要则进一步提出，坚持以人为本的城镇化、以城市群为主体形态、以体制机制创新为保障，加快新型城镇化步伐，努力推进城乡一体化；因地制宜发展特色鲜明、产城融合、充满魅力的小城镇，这与我国的经济社会发展水平以及人民群众日益多样化的市场需求趋势是紧密相关的（见表 1-3、表 1-4）。

---

①② 国家统计局．中国统计年鉴（2019）［Z］．北京：中国统计出版社，2019．

表 1-3　　　　　1978~2017 年 49 年间我国城市化方针路线一览

时间	法规文件	城市化方针路线
20 世纪 80 年代		控制大城市规模，合理发展中等城市，积极发展小城市
1990 年	城市规划法	在着重发挥小城镇的同时，积极发展中小城市，完善区域中心城市功能，发挥大城市的辐射带动作用，提高各类城市的规划、建设和综合管理水平，走出一条符合我国国情，大中小城市和小城镇协调发展的城镇化道路
2000 年	中共中央关于"十五"计划建议	在着重发挥小城镇的同时，积极发展中小城市，完善区域中心城市功能，发挥大城市的辐射带动作用，提高各类城市的规划、建设和综合管理水平，走出一条符合我国国情，大中小城市和小城镇协调发展的城镇化道路
2005 年	中共中央关于"十一五"规划建议	促进城镇化健康发展，坚持大中小城市和小城镇协调发展，提高城镇综合承载能力，按照循序渐进、节约土地、集约发展、合理布局的原则，积极稳妥地推进城镇化
2007 年	党的十七大报告	走中国特色城镇化道路，按照城乡统筹、合理布局、节约土地、功能完善、以大带小的原则，促进大中小城市和小城镇协调发展
2008 年	城乡规划法	统筹城乡发展
2011 年	国家"十二五"规划纲要	按照统筹规划、合理布局、完善功能、以大带小的原则，遵循城市发展客观规律，以大城市为依托，以中小城市为重点，逐步形成辐射作用大的城市群，促进大中小城市和小城镇的协调发展。有重点地发展小城镇，把有条件的东部地区中心镇、中西部地区县城和重要边境口岸逐步发展成为中小城市
2016 年	国家"十三五"规划纲要	坚持以人的城镇化为核心、以城市群为主体形态、以城市综合承载能力为支撑、以体制机制创新为保障，加快新型城镇化步伐，提高社会主义新农村建设水平，努力缩小城乡发展差距，推进城乡一体化。因地制宜发展特色鲜明、产城融合、充满魅力的小城镇

表 1-4　　2017 年全国各省市自治区经济社会发展情况一览

项目	常住人口（万人）	人口城镇化水平（%）	地区生产总值（亿元）	第一产业产值（亿元）	第二产业产值（亿元）	第三产业产值（亿元）	第一、第二、第三次产业构成比例（%）	人均GDP（万元）
全国	139 538	59.58	900 309.5	64 734.0	366 000.9	469 574.6	7.19：40.65：52.16	6.46
北京	2 154	86.50	30 319.98	118.69	5 647.65	24 553.64	0.39：18.63：80.98	14.02
天津	1 560	83.15	18 809.64	172.71	7 609.81	11 027.12	0.92：40.46：58.62	12.07
河北	7 556	56.43	36 010.27	3 338.00	16 040.06	16 632.21	9.27：44.54：46.19	4.78
山西	3 718	58.41	16 818.11	740.64	7 089.19	8 988.28	4.40：42.15：53.44	4.53
内蒙古	2 534	62.71	17 289.22	1 753.82	6 807.30	8 728.10	10.14：39.37：50.48	6.83
辽宁	4 369	68.10	25 315.35	2 033.30	10 025.10	13 256.95	8.03：39.60：52.37	5.80
吉林	2 704	57.53	15 074.62	1 160.75	6 410.85	7 503.02	7.70：42.53：49.77	5.56
黑龙江	3 773	60.10	16 361.62	3 000.96	4 030.94	9 329.72	18.34：24.64：57.02	4.33
上海	2 424	88.10	32 679.87	104.37	9 732.54	22 842.96	0.32：29.78：69.90	13.50
江苏	8 051	69.61	92 595.40	4 141.72	41 248.52	47 205.16	4.47：44.55：50.98	11.52
浙江	5 737	68.90	56 197.15	1 967.01	23 505.88	30 724.26	3.50：41.83：54.67	9.86
安徽	6 324	54.69	30 006.82	2 638.01	13 842.09	13 526.72	8.79：46.13：45.08	4.77
福建	3 941	65.82	35 804.04	2 379.82	17 232.36	16 191.86	6.65：48.13：45.22	9.12
江西	4 646	56.02	21 984.78	1 877.33	10 250.21	9 857.24	8.54：46.62：44.84	4.74
山东	10 047	61.18	76 469.67	4 950.52	33 641.72	37 877.43	6.47：43.99：49.53	7.63
河南	9 605	51.71	48 055.86	4 289.38	22 034.83	21 731.65	8.93：45.85：45.22	5.02

续表

项目	常住人口 (万人)	人口城镇 化水平(%)	地区生产总值 (亿元)	第一产业产值 (亿元)	第二产业产值 (亿元)	第三产业产值 (亿元)	第一、第二、第三次 产业构成比例(%)	人均GDP (万元)
湖北	5 917	60.30	39 366.55	3 547.51	17 088.95	18 730.09	9.01∶43.41∶47.58	6.66
湖南	6 899	56.02	36 425.78	3 083.59	14 453.54	18 888.65	8.47∶39.68∶51.86	5.29
广东	11 346	70.70	97 277.77	3 831.44	40 695.15	52 751.18	3.94∶41.83∶54.23	8.64
广西	4 926	50.22	20 352.51	3 019.37	8 072.94	9 260.20	14.84∶39.67∶45.50	4.15
海南	934	59.06	4 832.05	1 000.11	1 095.79	2 736.15	20.70∶22.68∶56.63	5.20
重庆	3 102	65.50	20 363.19	1 378.27	8 328.79	10 656.13	6.77∶40.90∶52.33	6.59
四川	8 341	52.29	40 678.13	4 426.66	15 322.72	20 928.75	10.88∶37.67∶51.45	4.89
贵州	3 600	47.52	14 806.45	2 159.54	5 755.54	6 891.37	14.59∶38.87∶46.54	4.12
云南	4 830	47.81	17 881.12	2 498.86	6 957.44	8 424.82	13.97∶38.91∶47.12	3.71
西藏	344	31.14	1 477.63	130.25	628.37	719.01	8.81∶42.53∶48.66	4.34
陕西	3 864	58.13	24 438.32	1 830.19	12 157.48	10 450.65	7.49∶49.75∶42.76	6.35
甘肃	2 637	47.69	8 246.07	921.30	2 794.67	4 530.10	11.17∶33.89∶54.94	3.13
青海	603	54.47	2 865.23	268.10	1 247.06	1 350.07	9.36∶43.52∶47.12	5.41
宁夏	688	58.88	3 705.18	279.85	1 650.26	1 775.07	7.55∶44.54∶47.91	5.41
新疆	2 487	50.91	12 199.08	1 692.09	4 922.97	5 584.02	13.87∶40.36∶45.77	4.95

资料来源：国家统计局.中国经济统计年鉴2019 [Z].北京：中国统计出版社，2019.

（二）特色小（城）镇的培育建设发展被提上重要的议事日程

新中国成立以前，我国是一个半殖民地半封建社会，只有少量民族工业的发展。新中国成立以后至今我国的城乡发展，尤其是小（城）镇的培育建设发展大致经历了以下三个时期。

1. 以牺牲农村利益支持城市发展，小（城）镇发展处于停滞时期

这一时期具体又可以分为两个阶段。前一阶段是新中国成立以后至改革开放初期，总体上来说是以牺牲农村、农业、农民的利益以支持推动城市的发展，这种"剪刀差"使城乡二元结构问题越来越突出。后一阶段是20世纪80年代中期至21世纪初期，特别是20世纪80年代中期至20世纪90年代中期，由于我国仍然处于短缺经济时代，乡镇工业、村办企业得到较快发展，这一时期的小（城）镇总体上看呈现出一派繁荣景象，但生态环境遭受了严重破坏，和大城市之间仍然存在着很大差距。20世纪90年代后期以来，我国进入具有中国特色的社会主义市场经济时代，原来的乡镇工业因为质量、成本等问题使其发展受到严重影响，产品过剩，发展停滞，甚至纷纷倒闭。而城市，尤其是大城市得到较快较好的发展，城乡差距进一步拉大。例如，2000年上海市GDP总量为4 771.17亿元，人均GDP突破4 100美元，已经达到当时的中等发达国家水平；而同期的贵州省地区生产总值只有2 029.92亿元，人均GDP 124美元。上海市的人均GDP约是贵州省的33倍。① 贵州省等地的一些山区人民仍然处于极度贫困状态，有人形容当时的我国经济社会发展状况是"火车头托着牛车跑"，说明城乡社会发展处于极不协调的状态。这一时期的小（城）镇总体上处于低水平停滞发展阶段。

2. 以城带乡、以工补农，少数小（城）镇得到较快发展时期

2003年党的十六届三中全会首次明确提出并实施"五个统筹"战略，并将"统筹城乡发展"列为"五个统筹战略"之首，这说明加快乡村发展、解决"三农"问题是实现城乡协调发展的关键。2005年7月党中央又

---

① 国家统计局. 中国统计年鉴（2001）[Z]. 北京：中国统计出版社，2001.

将"以工补农、以城带乡"确定为处理我国城乡关系的大政方针，在同年11月召开的党的十六届五中全会决议中就明确提出建设社会主义新农村的二十字方针，即，"生产发展、生活宽裕、乡风文明、村容整洁、管理民主"。2006年1月1日起，全面取消农业税，也就是俗称的不交"公粮"。2008年元月1日起，全面实施《中华人民共和国城乡规划法》，以法律的形式将城乡统筹协调发展确定下来。2012年党的十八大报告明确提出：坚持走中国特色的"四化协调发展道路"；科学规划城市群规模和布局，增强中小城市和小（城）镇产业发展、公共服务、吸纳就业、人口聚集功能。2013年党的十八届三中全会指出：要深化户籍制度、社会管理体制和相关制度改革。2014年中共中央、国务院印发的《国家新型城镇化规划（2014－2020)》中明确提出：有重点地发展小（城）镇，按照控制数量、提高质量、节约用地、体现特色的要求，推动小（城）镇发展与疏解大城市中心城区功能相结合、与特色产业发展相结合、与服务"三农"相结合。具有特色资源、区位优势的小（城）镇，要通过规划引导、市场运作，培育成为文化旅游、商贸物流、资源加工、交通枢纽等专业特色镇。对吸纳人口多、经济实力强的镇，可赋予同人口和经济规模相适应的管理权。2015年党的十八届五中全会又明确提出：促进人与自然和谐共生，构建科学合理的城市化格局、农业发展格局、生态安全格局、自然岸线格局，推动建立绿色低碳循环发展产业体系。"十三五"规划纲要强调"因地制宜发展特色鲜明、产城融合、充满魅力的小（城）镇"。这一时期，小（城）镇的建设发展得到一定程度的重视，尤其是广东、浙江等东部沿海发达地区的一些小（城）镇得到较快发展。

3. 特色小（城）镇培育建设发展时期

2016年7月住房和城乡建设部、国家发展和改革委员会、财政部联合下发"关于开展特色小镇培育工作的通知"，标志着我国已经全面进入特色小（城）镇的培育建设发展阶段。2016年10月，国家发展和改革委员会提出特色小（城）镇就是以传统行政区划为单元，特色产业鲜明、具有一定人口和经济规模的建制镇。2018年《中共中央、国务院关于实施乡村振兴战略的意见》再次提出建设一批设施完备、功能多样的康养基地、特色小镇。2016 年、2017 年住房和城乡建设部相继公布两批中国特色小镇试点名单共计 403 个（见附表 1、附表 2）。住房和城乡建设部明确提出到 2020 年培育建设发展 1 000 个特色小（城）镇。与此同时，国家体育总局、国家林业和草原局等也相继提出体育特色小镇（96 个，见附表 3）、森林小镇（50 个，见附表 4）的培育建设发展目标；我国各省、直辖市、自治区又相继推出了省级特色小（城）镇的建设目标。实施上述战略的重要目的之一，就是通过特色小（城）镇的培育建设发展，优化城市化格局，实现城乡统筹发展，全面建成小康社会。

特色是特色小（城）镇培育建设发展的关键，尤其是传统特色产业的转型升级，新兴产业的孵化、培育等特色产业的健康发展才是特色小（城）镇保持旺盛生命力的关键所在。传统特色产业的转型升级路径包括：产业作乘法式路径，形成从生产制造、收获加工到市场流通全环节的产业链；拉长产业链条路径，形成从研发到应用的全产业链体系；"互联网＋"路径，利用互联网将产业链与研发、销售等环节有机地衔接在一起。全产业链的构建需要产业基础、区位条件、资源禀赋、人才基础等生产要素的有效聚集。实际上，大部分小（城）镇只能依据其资源禀赋比较优势，集中精力培育发展具有比较优势的某一类型经济活动，即，小（城）镇的特色产业。

四、国内外相关研究

（一）国内相关研究

国内专家对小（城）镇的研究主要集中于以下 14 个方面：

1. 概念研究

最早提出特色小（城）镇一词的是时任湖北省枣阳市副市长艾文金（1997 年）。2006 年陈延业等对特色小镇建设的有关做法进行了初步研究。2008 年，云南省进行特色旅游小镇建设实践。2015 年浙江省等地掀起了特色小镇建设高潮。特色小（城）镇的建设发展要突出"特色"，特色要体现在产、城、人的有效融合，要将产业、文化、旅游等多种功能融为一体，形成相对独立的一体化空间平台（功能地域），不同于传统意义上的行政镇（行政地域）（秦诗立，2015；翁建荣，2016；徐世雨，2019）。

2. 地位研究

20世纪80年代初期，费孝通先生就明确提出"小城镇，大战略"；目前小（城）镇在经济社会发展过程中仍然居于重要地位（李培林，2015；文魁、张祖群，2015；漆向东、彭荣胜，2019）。

3. 发展历程研究

"温州模式"是我国小（城）镇发展的典范，陈前虎、寿建伟、潘聪林（2012）将浙江省小城镇的改革历程概括为两大发展阶段、三个转型时期，总结出各个阶段的特征。朱建达（2014）指出不同城镇化发展阶段小城镇的空间发展形态与特征。

4. 影响因素研究

影响小（城）镇发展的因素主要包括条件与机遇、政府政策引导、城镇体系自组织发展及其耦合效应等（曹阳、田文霞，2011），其中乡镇体制改革以及国家对产业、金融、土地等政策的调整已经成为影响小（城）镇发展的根本性因素（吴淼、刘莘，2012）。

5. 综合评价研究

小（城）镇的发展应遵循经济、社会、生态三效合一的原则，特色小（城）镇的创建已经进入精准治理时代。因此，小（城）镇的综合评价要从规模、经济、生活质量、土地集约利用、治理主体、政策影响、运行绩效、发展潜力和生态环境等方面构建评价指标体系，进行全面综合评价（黎毅、张碧安、黄辉，2002；陆菊春、等，2013；郭相兴、夏显力、张小力、等，2014；翁加坤、余建忠，2014；闵学勤，2016）。

6. 相关理论研究

根据社会市场消费需求发展趋势，在供给侧的结构性改革背景下，特色小（城）镇的改革应该包括：要从地区资源禀赋优势、区位优势、原有产业优势出发，推动产业整合、产业集聚与产业升级，推进产业结构高端化（陈宇峰、黄冠，2016）；优化供给结构，在产业、文化、环境、公共服务以及基础设施等领域提供优质特色产品，优化特色空间；培育多元主体，扩大供给规模，以满足人民群众日益多元化的需求；扩大供给方式，提升供给品质；创新供给机制，释放供给活力（罗翔、沈洁，2017）。

7. 存在问题研究

一是小（城）镇数量多，规模小，动力不足，特色小（城）镇培育建设质量不高，示范效应不强。东部沿海经济发达地区的小（城）镇，区位条件、原有经济基础、市场条件、产业要素等方面的禀赋条件相对较好，容易培育发展形成具有自身禀赋资源优势的特色产业。在我国中西部地区，由于经济社会发展水平较低，乃至仍然属于欠发达地区，社会市场消费需求严重不足，小城镇培育建设发展缺乏有竞争优势的要素；但仍有一些地方热衷于争取"国家级特色小镇"，尤其是一些地产开发企业通过特色小镇开发有望获取周边低价土地，突破融资限制，进行房地产开发，继而形成大城市周边的造"镇"运动，与特色小镇的培育建设初衷背道而驰（王跃，2018）。

二是经济发展水平不高，产业支撑力度不够，工业结构与农业联系较少，第三产业发展滞后。总体上看，我国的小（城）镇仍然普遍存在着产业层次低、经济基础差、缺乏高技术产业与新兴产业、核心竞争力不强、基础设施薄弱等问题，要进一步加强小（城）镇产业集聚问题的研究（刘向舒、卢山冰、赵生辉，2011；朱莹莹，2016；桑士达，2017）。

三是枢纽功能弱小，缺乏应有的吸引辐射能力。在特色小镇培育建设发展过程中，要注重解决人口导入和枢纽功能联动问题，尤其是交通通信信息便捷程度，使经济要素能够有效流动。否则，将使小（城）镇游离于中心城市的吸引辐射范围之外，自身发展将受到严重影响，更谈不上对周边地区的辐射带动（苏斯彬，2016；徐世雨，2019）。

四是千城一面，配套支撑不足，没有形成自身特色。一些地方只看重特色小镇的"名"与"形"，把培育建设发展的精力放在造房子、修马路等方面，而自身在特色挖掘方面，尤其是特色产业培育发展方面明显不足，对产业、文化、社区以及生态环境等方面的多种功能融合考虑不足。甚至一些地方就是简单模仿、生搬硬套，出现"水土不服"而夭折。最终没有对自身特色优势资源，尤其是历史文化资源进行充分的挖掘，没有把握住自身的"神"与"魂"（徐世雨，2019）。

五是管理体制及政策无法适应现实需要。由于现行体制政策的限制，尤其是户籍制度的限制，在特色小（城）镇的培育建设发展过程中，农民的社保、医疗、教育等方面与城市居民相比仍然存在着诸多不平等，严重影响农村剩余劳动力向小（城）镇转移，制约了特色小（城）镇的建设（孙超英，2016）。

六是基础设施严重不足或重复建设，建设资金筹措渠道过于单一。住房和城乡建设部提出到2020年培育建设发展1 000个特色小镇，各省级层面又提出了省级特色小镇，预估将达到2 000个。每个特色小镇建设资金按50亿元计算，总计需要10万亿元资金。而目前的特色小（城）镇的建设资金来源主要为银行贷款，通过PPP模式引入社会资本的成功案例还较少。资金紧缺严重制约着特色小（城）镇的基础设施建设（王跃，2018；韩振国、杨盈颖，2018）。

七是在培育建设发展特色小（城）镇热潮中仍然存在着思想认识偏差，存在着盲目跟风、追求数量等现象。仍然用固化的思维模式谋划特色小（城）镇的培育建设发展，致使产业—文化—社区等功能无法有效融合，产业转型升级能力以及相应的辐射带动能力较弱（王跃，2018）。

八是环境污染问题严重（王文录、赵培红，2009；赵莹、李宝轩，2014；于立、彭建东，2014）。

8. 人口转移意愿研究

影响农业转移人口意愿的因素有文化程度、房产、承包地、签订就业合同状况、未婚子女平均年龄等，他们更多的愿意在中小城市和小（城）镇落户，文化程度偏低、城市生活适应性较弱、获取城市保障机制能力较弱的更愿意落户小（城）镇（姜凯凯、朱喜钢、等，2015；卢小军、张宁、王丽丽，2016）。

9. 发展模式研究

一是对20世纪末期形成的苏南模式、苏南模式创新，温州模式，大连模式，山东模式，资源、产业、人口协同发展模式的研究（曹阳、田文霞，2011；耿宏兵、刘剑，2009；路振华，2014；郭荣朝、康洋鸣，

2017）；二是中国新型城镇化论坛（2017）提出的特色旅游小镇、特色农业小镇、特色工业小镇、互联网小镇、创客小镇、体育小镇等。然而，在小城镇发展模式方面是无法复制的。

10. 发展趋势研究

随着我国城镇化水平的快速提高，"大城市病"不断涌现，与此同时，小城镇发展也将进入黄金时期，并呈现出了分化趋势，要高度重视中心镇的发展（段进军，2007；罗震东、何鹤鸣，2013），政府要采取相应的对策措施，给予小城镇 15 年的发展培育期（李兵弟、等，2014；刘军，2015）。特色小镇的培育建设发展要注重产业硬实力与文化软实力的有机结合，产业—文化—社区—生态等多种功能方面的有机结合，运行的体制机制要灵活创新，真正体现特色小（城）镇的"特""小""镇""精"等特征（李建平，2015；陆杰华、韩承明，2013；徐梦周，2016）。

11. 发展策略研究

主要从自身特点、发展政策、行政区划调整、规划设计导引等方面提出相应的差异化发展对策（李兰昀、吴朝宇、李恺，2012；卢道典、黄金川，2012；陈玉书等，2015），培育中心镇是我国城镇化的必然规律（王士兰等，2009；任呆、宋迎昌、蒋金星，2019）。

12. 产业融合研究

产业融合是以技术融合为必要条件，特定"关键因素"的融合才是导致产业融合发生的必要条件。也就是将小（城）镇自身禀赋的优势产业资源与不同相关产业资源进行融合而进行产业的转型升级，以便于形成新的产业，这是产业融合的本质（陈家海，2009）。产业融合一般包括微观尺度方面的标准融合以及宏观尺度方面的制度融合两大方面。只有将微观方面的技术进步或放松管制与宏观方面的管理创造性结合起来，才能有效带动产业融合（胡金星，2007；周宇 2014；张磊，2009）。因此，产业融合的动力因素包括科学技术方面的研发创新、商业运营管理模式方面的创新、社会市场需求结构方面的不断升级以及产业规制方面的放松等（赵珏、张士引，2015）。

13. 规划设计研究

城镇化的快速推进，致使小（城）镇传统的、具有差异性的城镇特色正逐渐缺失，因此，小（城）镇特色规划设计应得到进一步强化（严凯，2012；顾朝林，2016；白小虎、陈海盛、王松，2016；周鲁耀、周功满，2017）。

14. **政策实施研究**

我国在小（城）镇培育建设发展方面出台了诸多政策，对小城镇的建设发展起到了重要的促进作用，但仍然存在诸多问题，尤其是关于特色小（城）镇培育建设发展的政策存在的问题更多。浙江大学公共管理学院城市发展与管理系主任、浙江省特色小镇研究会执行会长张蔚文教授认为主要存在如下一些问题：一是政出多门。近些年出台关于特色小镇培育建设的部门有住房和城乡建设部门、发展和改革部门、体育部门、农业部门等。二是批准的培育建设发展的特色小镇数量惊人。江苏省公布了三批省级特色小镇，其中第一批省级特色小镇中含有 2 个特色农业小镇，然而江苏省农业委员会第一批就公布了 105 个省级农业特色小镇，特色产业同质化倾向极为严重。三是出台的特色小镇培育建设发展的考核标准缺少个性化。四是扶持政策呈现"两极化"等（张蔚文、麻玉琦，2018）。

（二）国外相关研究

西方发达国家的城镇化起步较早，小城镇培育建设发展是其城镇化的重要发展形态，积累了丰富的理论和实践经验。

1. **发展理论研究**

1898 年霍华德提出"田园城市"理论，指导推动小城镇建设发展。针对田园城市建设过程中存在的问题，20 世纪 20 年代，英国建筑师雷蒙·卫恩提出了卫星城镇概念，E. 沙里宁提出了有机疏散理论，从功能定位方面促进了小城镇建设。第二次世界大战以后，针对大城市发展过程中存在人口产业过剩、住房严重紧缺等突出矛盾，英国政府决定优先发展小城镇，提出"新城"建设方案。20 世纪 70 年代，D. 圣海斯和 H. 埃尔森汉斯研究了小城镇内生发展机制，提出了自中心发展理论。20 世纪 80 年代麦吉提出了发展中国家的"城乡融合理论"等，这些理论模式为发达国家以及发展中国家特色小（城）镇的培育建设发展提供了重要的理论支撑（张丽萍、徐清源，2019）。

2. 存在问题研究

在小（城）镇发展过程中，尤其是德国、日本等西方发达国家的一些小城镇出现了经济不断衰退、人口不断流失等问题（Fang et al.，2006；Wirth et al.，2016）。同时，小城镇的建设发展还存在着环境问题（Bradbury et al.，1996），意大利小城镇住房市场危机与城市密度问题（Sharma. et al.，2003），印度小城镇的社会空间组织问题（Antoniucci et al.，2016），以及可持续发展问题（Mayer et al.，2010），相关学者对这些问题进行了较为深入的研究。

3. 评价与治理研究

实证研究发现，只有政府充分重视民众利益，小（城）镇建设发展才能达到预期成效，才能不断提升小（城）镇的经济效益。民众利益是小（城）镇居民的共同福利，特色小（城）镇的培育建设发展的核心就是提升居民关注的社会效益（John S. Akama，2007；Duncan，2013；谯薇、王葭露，2019）。

4. 产业融合研究

由于技术融合继而导致原来分立的产业变得更加紧密（产业融合），促进了产业增长。金融业等第三产业的发展也存在着产业融合现象。产业融合包括替代融合、整合融合和互补融合等三种类型。技术革新、行业间壁垒降低等是产业融合的根本动力（Rosenberg，1963；Khanna and Greenstein，1997；植草益，2001；Greenstein and Khanna，1997；Porter，1985）。

5. 建设与规划研究

从社会效益出发，只有充分吸纳公众意见，使特色小（城）镇的开发建设符合当地民众意愿，才能取得预期的经济—社会—环境效益。英国传统小（城）镇建设案例也充分说明，传统文化的保护开发利用，相应文化产品的推出，能够有效地提高小（城）镇的整体效益（Robert Madrigal，2005；Clare Munphy，2015；谯薇、王葭露，2019）。

（三）研究趋势

综上所述，国内外专家学者对小（城）镇的战略地位、发展现状、影响因素、评价体系、存在问题、市民化意愿、发展模式、发展趋势、经验启示、发展策略、规划设计等方面进行了较为全面的研究。然而，有关特色小（城）镇培育发展的研究成果则较少，尤其是如下一些方面仍需进一步深入探讨。

1. 特色小（城）镇培育建设发展的特色确定

无论是西方发达国家，还是发展中国家，乃至欠发达地区，其特色小（城）镇的培育建设发展的关键就是特色的确定。特色既是自身禀赋优势资源的体现，包括特色优势资源、便捷的区位条件、历史文化特色等方面，也包括后发比较优势、及时抢得先机等因素，由此做到"人无我有，人有我优"，以提升特色小（城）镇培育建设发展过程中的竞争优势。由于小（城）镇特色的确定不仅受自身资源禀赋等因素影响，同时在不同的经济社会发展阶段也是有着明显差异的，对此仁者见仁智者见智，最终导致这方面的研究成果相对较少，然而特色的确定又是特色小（城）镇培育建设发展过程中不可回避的关键环节之一。

2. 特色小（城）镇培育建设发展的机制创新

影响特色小（城）镇培育建设发展的因素很多，既有自身的资源禀赋、资源整合、资源挖掘、组织管理、科技支撑等影响因素，也有外部的社会市场需求趋势、周边发展条件、政策引导支持等影响因素；既有特色小（城）镇内在的影响因素，也有外在环境影响因素。因此，特色小（城）镇的培育建设发展不仅需要各影响因子的创新，还需要各影响因子之间的耦合创新，只有各影响因子之间的耦合协调创新，才能推动特色小（城）镇的健康可持续发展。

3. 特色小（城）镇培育建设发展的质效提升

由于传统的农业经济发展以及马车步行蓄力等方面的限制，我国形成了数量众多的小（城）镇。然而，在信息便捷、交通发达、动能充足的新时代，尤其是平原农区"十里一店"的小（城）镇空间分布格局已不能适应发展的需要，也就是说小（城）镇的全面发展是不可能的，只有选择一些具有特色优势的小（城）镇予以重点发展，不断提升特色小（城）镇发展的质量和效益，才能使其成为衔接城市与乡村之间的纽带（桥头堡），才能充分发挥特色小（城）镇的桥梁纽带作用，以便于形成完善健全的城乡体系结构。

4. 特色小（城）镇培育建设发展的政策设计建议

特色小（城）镇的机制创新以及质效提升，必须因地制宜。不同类型特色小（城）镇的培育建设发展，有其不同的影响因素，因此必须分地域、分类型采取有针对性的可操作的政策设计建议，才能"对症下药"，以推动特色小（城）镇培育建设发展，推动城乡协调发展。

因此，"特色小（城）镇培育发展机制创新与质效提升研究"将成为我国小（城）镇健康可持续发展研究的重要内容之一。

五、研究价值与意义

特色，即事物所表现的独特的色彩。在日趋激烈的市场竞争中，小（城）镇发展必须坚持"以质量求生存，以特色谋发展"，必须做到"人无我有、人有我优"。特色小（城）镇就是具有较强资源禀赋优势及较强经济社会文化优势在小（城）镇培育发展过程中的体现，与其他小（城）镇的建设发展有着明显的地域性差异。"特色小（城）镇培育发展机制创新与质效提升研究"涉及小（城）镇所在区域特色资源的充分挖掘、特色优势的极限发挥、特色产业（特色产业集群）的培育发展、特色文化的弘扬保护、发展机遇的有效把控、差异化政策的精准到位、特色风貌的保护建设、优良环境的营造形成、就业岗位的不断增加等诸多方面，涉及小（城）镇所在区域经济社会生态环境的方方面面，具有重要的研究价值。

（一）学术价值

1. 小（城）镇理论研究"中国化"

选择典型的不同类型特色小（城）镇进行实证研究，使小（城）镇理论研究"中国化"。针对小（城）镇发展过程中存在的动力不足、建设质量不高、示范效应不强等问题，以特色小（城）镇培育发展机制创新与质效提升为突破口，研究如何使小（城）镇的发展与其比较优势（特色）以及中国实际有机地结合起来。

2. 小（城）镇研究进入新阶段

在现实背景条件下研究特色小（城）镇的培育发展，使小（城）镇研究进入新阶段。根据我国城乡发展的现状特征，研究如何抢抓国家实施新型城镇化战略、统筹城乡发展战略等机遇，以及国家、省、县、小（城）镇等层面的体制机制改革等，促进特色小镇健康有序发展，实现城乡二元结构的有效突破。通过特色小（城）镇的培育建设发展能够有效解决大城市病等问题，能够改善农村基础设施落后状况，充分挖掘当地传统文化资源，发展具有资源禀赋优势的特色产业（集群），促进特色小（城）镇健康发展。

3. 丰富小（城）镇研究新内容

本书研究创造性利用制度经济学、城市经济学、地理学、生态学等学科理论，系统研究特色小（城）镇培育发展机制创新与质效提升，丰富小（城）镇研究新内容。

（二）应用价值

1. 政策建议价值

特色小（城）镇的培育建设发展研究，有利于强化国家新型城镇化、特色小（城）镇培育建设、统筹城乡发展以及城乡一体化发展的宏观导向，使其更加具有针对性与可操作性。

2. 机制创新价值

该书研究有利于解决小（城）镇发展动力不足、停滞不前等问题，以便于进一步优化特色小（城）镇的经济社会发展环境，推动特色小（城）镇科学健康发展。

3. 质效提升价值

提出特色小（城）镇培育发展的目标体系及实现路径，有利于小（城）镇特色主导产业（集群）的选择培育，促进特色产业（集群）发展，增加就业岗位，提升对农业转移人口的吸纳能力，加强特色小（城）镇宏观管理与动态调整。

4. 社会生态价值

特色小（城）镇的培育建设发展是历史的必然趋势，在满足质量提升、效益提高的前提下，对社会以及生态环境方面的建设发展也有着重要的价值，以便于推动特色小（城）镇经济社会环境的可持续发展。

（三）研究意义

1. 示范带动意义

特色小（城）镇是集聚高端要素和特色产业、生产生活生态相融合的创新创业平台，是关联企业协同创新、合作共赢的企业社区，也是周边地区的"增长极"。特色小（城）镇的培育建设发展对地方经济社会发展具有重要的带动作用和示范作用。

2. 品牌战略意义

小（城）镇特色产业的发展、优质特色品牌的培育，承载着小（城）镇的个性、文化和价值，有利于增强市场竞争力。特色小（城）镇只有在宜业、宜居、宜游的基础上，实施有特色的品牌战略，才能塑造小（城）镇的良好形象，进而提升市场竞争力，以获得更多的发展机会。

六、研究框架

本书研究的总体框架为：考察调研摸清现状，经验研究比较借鉴，理论研究掌握规律，案例研究实践支持，归纳研究系统提升，政策研究采取行动。具体如图1-4所示。

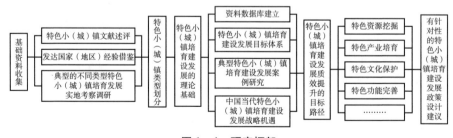

图1-4　研究框架

资料来源：作者自绘。

（一）引言

包括特色小（城）镇概念界定，特定经济社会发展阶段的产物，问题的提出；国内外相关研究进展情况；研究价值意义以及研究框架结构等。

（二）特色小（城）镇培育建设发展的理论基础

主要梳理经济学的劳动地域分工理论、产业集群理论，生态学原理，可持续发展理论，及其与特色小（城）镇培育建设发展的关系，为特色小（城）镇的培育建设发展提供理论支撑。

（三）特色小（城）镇类型划分及其现状特征

根据特色小（城）镇培育建设发展实地调研，依据禀赋资源、生态环境、经济产业、社会文化等各种影响因素及特色因素，将特色小（城）镇划分为生态休闲型、特色农业型、特色文化型、商贸物流型、运动休闲型、特色工业型、信息技术型、文化创意型、企业总部型以及金融商务型10种类型。归纳指出特色小（城）镇发展的总体特征、经济特征、产业特征、建设特征，仍然存在着管理主体多元、主体责任不清等12个方面的问题。

（四）特色小（城）镇发展经验借鉴

他山之石可以攻玉，主要对日本、德国、英国、美国等西方发达国家及相关地区特色小（城）镇培育发展的成功经验进行比较借鉴，以便于更好地指导我国特色小（城）镇的建设发展。

（五）特色小（城）镇培育发展机制创新

特色小（城）镇的培育发展必须遵循市场规律，突出特色优势，发展特色产业（集群），深化改革创新，需要各影响因子之间的协调耦合创新。创造性应用制度经济学、城市经济学、地理学、生态经济学等学科理论，主要从思想观念创新、治理体制创新、市场机制健全、技术支撑机制、创新机制构建、文化遗产挖掘、特色产业培育、规划机制引导、基础设施配套、生态基底优质、增强自组织能力以及耦合创新驱动等方面阐释了特色小（城）镇培育建设发展的各影响因了之间的耦合创新机制。

（六）特色小（城）镇培育发展质效提升

根据特色小（城）镇发展演变过程分析评价、各影响因子之间的耦合创新情景分析以及发展趋势预测，借鉴发达国家经验，从特色产业、生态环境、传统文化、设施服务、体制机制等方面归纳凝练出特色小（城）镇质效提升的目标体系与实现路径。

（七）特色小（城）镇培育建设发展案例

主要以特色小（城）镇的典型案例浔龙河为例，进行了特色小（城）镇培育建设发展的案例分析。包括地理位置、发展定位、机制创新、目标要求与实现路径等方面。

（八）特色小（城）镇培育发展政策设计建议

通过不同类型特色小（城）镇培育发展过程分析与发展趋势预测，从各影响因子创新、各影响因子之间的耦合创新以及质效提升目标路径等方面提出不同类型特色小（城）镇培育发展的政策设计建议，以便于分类引导，推动我国特色小（城）镇健康可持续发展，最终形成大中小城市（城镇）协调发展的科学合理的城市化格局。

（九）结论与讨论

首先，对本书的研究进行归纳提炼，得到八个方面的结论。其次，梳理了本书研究的新意，主要表现在五个方面。最后，指出了本书研究存在的不足之处，以及有待于进一步探讨的问题。

第二章

特色小（城）镇培育建设发展的
理论基础

理论是实践的指南。在特色小（城）镇培育建设发展过程中，必须有相应的理论基础做指导，以便于科学有序地推动我国特色小（城）镇培育建设以及健康可持续发展。

一、劳动地域分工理论

劳动地域分工的前提是生产产品的区际交换与贸易，并将随着产品交换和贸易的扩大而不断扩大（焦多田，2018）。

（一）亚当·斯密的绝对优势说

1. 核心观点

绝对优势说认为，按照各个国家或地区的绝对优势进行地域分工生产，将会使各个国家或地区的单位资源、劳动力和资本得到最有效的利用，致使生产成本降低（见表 2 - 1、表 2 - 2、表 2 - 3）。

表 2 - 1　　　　　　　　分工之前的投入—产出状况

项目	小麦		布匹	
	劳动投入量	产出量	劳动投入量	产出量
英国	150	120	50	100
美国	100	120	100	100

资料来源：崔功豪，魏清泉，刘科伟. 区域分析与区域规划 [M]. 北京：高等教育出版社，2006.

表 2 - 2   分工之后的投入—产出状况

项目	小麦		布匹	
	劳动投入量	产出量	劳动投入量	产出量
英国	0	0	200	400
美国	200	240	0	0

资料来源：崔功豪，魏清泉，刘科伟．区域分析与区域规划［M］．北京：高等教育出版社，2006.

表 2 - 3   贸易以后各地区的产品获得量

项目	小麦获得量	布匹获得量
英国	120	200
美国	120	200

资料来源：崔功豪，魏清泉，刘科伟．区域分析与区域规划［M］．北京：高等教育出版社，2006.

2. 理论评价

绝对优势说的突出贡献就是为资本主义制度下的国际贸易奠定了理论基础，并从流通领域转移到生产领域，促进了世界各地区或国家之间的经济交流；对解释当时的地域分工起着积极作用。但不利于落后地区或国家发展国际贸易（张秀生等，2005）。

（二）大卫·李嘉图的比较成本说

1. 核心观点

比较成本说，也称作相对成本说，认为各个地区或国家均以较低的成本生产各种产品，从而使各个地区或国家之间进行地域分工和贸易，以获得相应的利益（见表 2 -4、表 2 -5、表 2 -6）。

表 2 - 4 分工之前的投入—产出状况

项目	葡萄酒		毛呢	
	劳动投入量	产出量	劳动投入量	产出量
葡萄牙	100	120	100	100
英国	400	120	200	100

资料来源：崔功豪，魏清泉，刘科伟. 区域分析与区域规划［M］. 北京：高等教育出版社，2006.

表 2 - 5 劳动生产率与相对劳动生产率

项目	葡萄酒	毛呢
葡萄牙的劳动生产率	$120 \div 100 = 1.2$	$100 \div 100 = 1.0$
英国的劳动生产率	$120 \div 400 = 0.3$	$100 \div 200 = 0.5$
相对劳动生产率（英国/葡萄牙）	$0.3 \times 1.2 = 0.25$	$0.5 \div 1.0 = 0.5$

资料来源：崔功豪，魏清泉，刘科伟. 区域分析与区域规划［M］. 北京：高等教育出版社，2006.

表 2 - 6 分工之后的投入—产出状况

项目	葡萄酒		毛呢	
	劳动投入量	产出量	劳动投入量	产出量
葡萄牙	200	240	0	0
英国	0	0	600	300

资料来源：崔功豪，魏清泉，刘科伟. 区域分析与区域规划［M］. 北京：高等教育出版社，2006.

2. 理论评价

该理论能够较好地解释劳动地域分工和国际贸易问题；但该理论分析与实际差异较大，又被称为国际贸易的纯理论。

（三）约翰·穆勒的相互需求理论

1. 核心观点

相互需求理论认为，两国之间以两种产品相互交换的比率，在由比较成本决定的幅度内，取决于两国对彼此产品的相互需求弹性（见图2-1），又称作国家需求方程式。

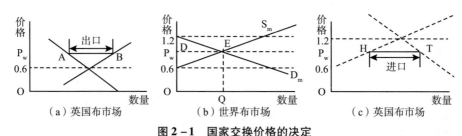

图 2-1　国家交换价格的决定

资料来源：张秀生，卫鹏鹏. 区域经济理论［M］. 武汉：武汉大学出版社，2005.

2. 理论评价

相互需求理论一方面继承了李嘉图从供给和成本方面解释国际地域分工和国际贸易的观点；另一方面又从需求方面和交换比率方面进行了相应的补充，使地域分工理论得到一定程度的发展。

（四）巴朗斯基的地理分工论

1. 核心观点

巴氏的地理分工（绝对和相对地理分工）概括了斯密的地域分工和李嘉图的国际贸易学说。认为引起地理分工的原因有自然的、经济的、社会结构的等多个方面，但不同发展阶段的主导因素是不同的。

2. 理论评价

地理分工理论继承了斯密的绝对优势说，相比于李嘉图的比较成本说和约翰·穆勒的相互需求理论来说则后退了一步，相对于 H-O 理论来说也肤浅些。但该理论从商品销售价格、生产价格、运费等方面分析地理分工的发展是符合实际的，这种关系又称巴朗斯基公式。地理分工理论关于关税与地理分工之间的关系分析对发展中国家或地区参与国际贸易具有重大意义。

（五）波特的竞争优势理论

1. 核心观点

竞争优势理论认为，国家竞争优势取决于该国有没有一些独特的产业或产业群，即所谓的竞争优势产业；竞争优势的四个因素包括：要素条件，需求条件，相关支撑产业，企业战略、结构与竞争，另外还有机遇与政府的作用（钻石体系模型）（见图 2-2）。

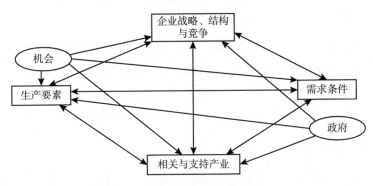

图 2-2 波特的钻石体系模型

资料来源：崔功豪，魏清泉，刘科伟. 区域分析与区域规划 [M]. 北京：高等教育出版社，2006.

2. 理论评价

竞争优势理论能够较好地解释国家的企业（或行业）如何取得持久的国际竞争力；将企业竞争优势与国家经济发展水平结合在一起才能形成国家竞争优势理论。

（六）劳动地域分工理论的特点和模式

1. 理论特点

综上所述，劳动地域分工理论的特点主要包括三个方面：一是区域生产的专业化、特色化；二是区域之间的经济联系，即贸易和交换；三是区际劳动分工的层次性和综合性。

2. 理论模式

劳动地域分工的理论模式有三种类型。一是垂直分工模式，就是指相关区域在同一生产过程的不同生产阶段进行专业化生产，彼此之间紧密联系而产生的区域分工。日本经济学家赤松提出的产业结构雁行形态理论就是典型的垂直分工模式。

二是水平分工模式。也就是说，相关区域发展不同的经济部门或生产具有差异性的同类产品所形成的劳动地域分工。区域间选择的专业化生产经济部门不同，其产出也不相同；各区域间选择同类产品，但具体生产的产品有差异。

三是混合分工模式。区域之间的劳动地域分工既有垂直分工，也有水平分工，其间相互交叉与相互影响的结果，则形成混合分工模式。

3. 联系纽带

地区或国家之间劳动地域分工的联系纽带就是区际间的要素流动以及区际间的贸易交换。

（七）劳动地域分工理论与特色小（城）镇培育建设发展

特色小（城）镇的培育建设发展符合劳动地域分工理论的实际应用，属于城市（城镇）层级分工体系中一个不可或缺的层级（发展方式），尤其是城市（城镇）规模等级序列模型中的"金字塔"模式，说明居于最低等级的小（城）镇数量最多，构成了"金字塔"的塔基。小（城）镇的本土化特征难以吸引自由定位的产业，应该从事能够充分发挥本土化比较优势又符合社会市场需求发展趋势的特色化、专业化、标准化的产业活动或高科技活动，而大城市则应进行特色化产业发展中的科技研发活动以及相应的总部经济活动等高端的第二、第三产业活动，使城市（城镇）层级之间进行良好的专业化分工与劳动地域分工，以便于充分发挥各自的比较优势（特色优势），最终实现大中小城市（城镇）之间的共同协调发展。

城市（城镇）层级的分工体系理论是劳动地域分工理论的进一步发

展。因此，小（城）镇的持续健康发展必须立足于自身的比较优势，即，本土化特色优势，培育发展符合社会市场需求发展趋势的特色产业活动以及相应的与大城市分工协作的专业化、特色化、标准化高科技活动，并通过集群发展，与大城市形成错位发展或互补发展，使特色小（城）镇的主导产业发展成为区域产业链乃至全球产业链中不可或缺的重要一环（张野，2016）。

二、产业集群理论

（一）产业集群内涵

产业集群又叫产业簇群，它是指相关产业形成地理上的集中性，包括上下游产业的制造商，互补性产品的制造商，专业化基础设施的供应商，以及相关机构（政府、大学、科研机构、行业协会等）（见图2-3）。

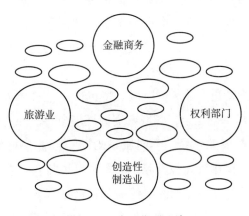

图2-3　产业集群理论

资料来源：张秀生，卫鹏鹏.区域经济理论［M］.武汉：武汉大学出版社，2005.

某城镇的四个主导产业集群为：金融商务服务（银行、基金、债券、保险）；权力部门（政府机构、贸易协会、经济组织）；旅游业（宾馆饭店、旅游景点、娱乐场所）；创造性制造业（研发机构、高新技术产业、传统产业的改造）。除此之外，还分布着一系列相关产业集群，对四个主导产业集群起着加固作用。其中，四个产业集群间具有很强的互补性，其间相互支撑，相互促进，并通过创造性制造业、金融商务、旅游业等特色产业集群与全球产业链进行链接，从而对区域乃至世界经济发展产生一定影响。

（二）产业集群演变的四个阶段

根据上述理论，产业集群发展演变过程主要包括以下四个阶段：

一是单个企业发展阶段。工业化初级阶段，工业产品供不应求，企业形成主要依据各个地点的资源情况和交通状况等，企业空间分布呈现比较均匀的散点状。改革开放初期，我国村办企业的快速发展就是一个典型的例证。

二是小（城）镇产业集群发展阶段。随着工业化的不断推进，工业产品供应不断增多，市场竞争日趋激烈。企业发展规模由小变大，以规模效益取胜于市场。与此同时，上下游产品衔接、相关企业合作加强，产业发展进入集群阶段。即，企业不断向城镇工业园区集聚。由于园区基础设施配套，中介服务完善，上下游以及旁侧产业有机整合，集群效益大为提高。

三是城市层面特色产业集群阶段。特色产业集群形成于城市比较优势资源（特色资源）基础之上，各城市资源环境条件、原有经济基础、社会历史文化背景有着很大差异。不同城市的同一产业集群效益存在很大差异。因此，根据城市比较优势资源，培育和发展特色产业集群将使城市产生比较竞争优势，产生更好的经济效益和社会环境效益。城市特色产业集群是城市地域范围内包括小（城）镇层面产业集群整合的结果。城市地域范围内分工合理促使城市特色产业集群形成。

四是城市群层面特色产业集群阶段。城市群特色产业集群是城市群区域比较优势资源（特色资源）得以合理利用的集中体现。特色产业集群具有很强的地域性，不同的城市群区域其资源条件、经济基础、科技水平、社会文化习俗等资源要素有着很大差异，适宜于发展不同产业，从而形成各具特色的产业集群。城市群区域比较优势资源作为生产要素存在或者作为消费者偏好可以为企业提供具有比较优势的生产要素和较稳定的广阔市场，通过市场对资源要素优化配置逐渐形成特色产业，特色产业的上下游产业和旁侧产业相互衔接，便形成同类产业的不断集聚。集群效应将引导研发、中介服务等机构的不断加入，将进一步提高集群效益，特色产业集群逐步形成（刘艳亮，2010）。因此，城市群特色产业集群是城市群区域各城市分工合作、协同发展的结果（见表2-7，图2-4）。上述四个阶段既是产业发展的一个升华过程，也是城市群区域劳动地域分工不断优化的过程，二者相互影响，相互促进（郭荣朝、苗长虹，2010）。

表 2-7　　　　　　　　　　城市群区域劳动地域分工演变过程

产业集群演化阶段	单个企业	产业集群（企业集群）	城市特色产业集群	城市群特色产业集群
空间演变形式				
产业分布特点	均匀分散分布	以城镇工业园区集群分布为主	以城市产业集聚区集群分布为主	以城市群产业集聚区集群分布为主
产业集群形成动因	供不应求卖方市场	供应增加，出现竞争	市场竞争日趋激烈	全球范围竞争更加激烈

资料来源：郭荣朝，苗长虹. 基于特色产业簇群的城市群空间结构优化研究［J］. 人文地理，2010（5）：47-52.

由此可以看出，特色小（城）镇产业集群发展在整个世界经济社会环境发展过程中起着最基础的作用，也是经济全球化水平快速提高以后，专业化分工越来越细，加之社会市场需求逐步个性化、时尚化、特色化，世界城市群"廊道组团网络化模式"逐步形成，特色小（城）镇再次成为其重要组成部分（郭荣朝、苗长虹，2010）。

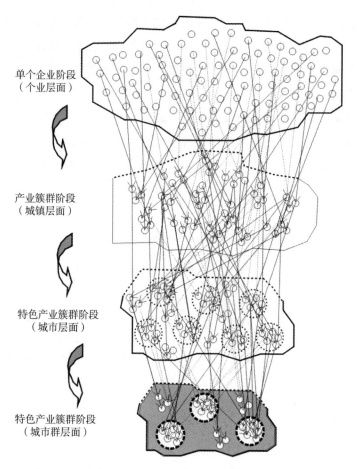

单个企业阶段
（个业层面）

产业簇群阶段
（城镇层面）

特色产业簇群阶段
（城市层面）

特色产业簇群阶段
（城市群层面）

图 2 - 4　城市群特色产业集群与劳动地域分工优化关系

资料来源：郭荣朝，苗长虹．基于特色产业簇群的城市群空间结构优化研究 ［J］．人文地理，2010（5）：47 - 52.

（三）产业集群理论与特色小（城）镇培育建设发展

从不同产业聚集的角度来看，特色小（城）镇的培育建设发展必须符合产业集群理论。特色小（城）镇是一个独立的"块状"经济体，不仅要有自身的特色主导产业，还要有与特色主导产业发展相关联的上下游产业与旁侧产业，也就是相应的辅助性产业和基础设施产业，才能保障特色主导产业的持续健康发展。产业聚集理论认为，为追求外部经济，在同一区域内生产类似产品的企业会自动进行聚集，并会不断自我强化这一聚集。聚集的最终结果是成本的降低与生产效率的提高，即规模经济效应。产业集群理论也充分说明，特色小（城）镇的培育建设发展在注重自身特色优势资源充分发挥的同时，还必须注意自身特色优势主导产业的延伸（上下游产业），从而发挥上下游产业、旁侧产业等关联产业之间的协作效应，以便于降低研发生产销售成本，实现特色小（城）镇生产柔性和竞争弹性，提升特色产业培育发展效率，发挥规模经济效应（郭丕斌，2004）。

三、生态学原理

（一）互利共生理论

生态学认为，互利共生是两物种相互有利的共居关系，彼此间有着直接的营养物质的交流，相互依赖，相互依存，双方获利（李博，2000）。

特色小（城）镇的生态环境与经济社会发展之间也是一种相互依存、共生共荣的关系。共生导致有序，共生的结果使特色小（城）镇的生产、生活、生态融合发展，特色小（城）镇生态环境持续保持良好的状态，禀赋优势资源得到合理的开发利用，经济社会可持续发展，特色小（城）镇系统获得经济、社会、环境等多重效益，系统功能得以提升。共生者之间差异越大，系统多样性越高，从共生中受益也就越大（杨士弘，2003）。特色小（城）镇的生产—生活—生态之间有效融合，结构合理优化，功能不断提升，特色小（城）镇生物多样性越高，特色小（城）镇生态环境良性循环，将会促进特色小（城）镇经济社会的快速健康发展；特色小（城）镇经济社会可持续发展也有利于特色小（城）镇的生产—生活—生态进一步融合，使特色小（城）镇生态环境质量不断提高。特色小（城）镇的"三生"融合与其经济社会发展之间有着直接的物质流、能量流、信息流、生态流的密切交流关系，二者相互依赖，互利共生（见图2-5）。

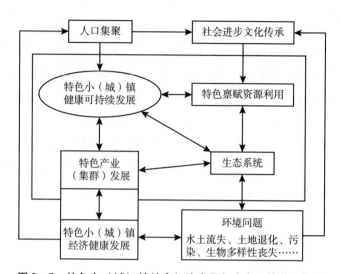

图 2 - 5　特色小（城）镇社会经济发展与生态环境共生机制

资料来源：杨士弘等. 城市生态环境学（第二版）［M］. 北京：科学出版社，2000.

（二）协同进化理论

客观世界的物质系统是由若干个子系统所组成的，各子系统之间存在着某种关联，当子系统之间的关联足以束缚子系统的状态，使系统总体在宏观上显示出一定结构时，子系统之间便形成了协同，协同导致有序。各子系统协同发展过程中，子系统之间既相互激发又相互制约，连锁反馈地耦联在一起，但有些子系统变化快，有些子系统变化慢，在它们相互作用中慢的子系统控制着快的子系统。在生态学上，协同进化是指在物种进化过程中，一个物种的性状作为对另一物种性状的反应而进化，而后一物种性状的本身又作为前一物种性状的反应而进化的现象（李博，2000）。

特色小（城）镇的健康发展与其经济社会环境之间就是一种协同进化关系。特色小（城）镇健康发展，有利于小（城）镇生态环境改善，继而促进小（城）镇特色主导产业发展；特色小（城）镇特色主导产业可持续发展，有利于生产力合理布局，也有利于加大生态建设资金、技术投入，使"三废"排放减少、"三废"处理率提高，污染在源头得以治理，生态环境得到进一步改善，最终使小（城）镇的生产—生活—生态有效融合，系统功能得以提升（见图 2 - 6a）。反之，特色小（城）镇的畸形发展，小（城）镇之间交叉污染，小（城）镇生态环境日趋恶化，就会严重影响特色小（城）镇产业发展；特色小（城）镇经济产业不能健康发展进一步导致小（城）镇财力不足，严重制约着投入于小（城）镇生态环境建设方面的人力、物力、财力，小（城）镇生态环境日趋恶化，小（城）镇的发展更加杂乱无序，最终将形成恶性循环（见图 2 - 6b）（贾春宁，2004）。因此，我们要避免造成"小（城）镇占耕地，耕地占林草地，林草地退化后泥沙占水体，尘雾笼罩小（城）镇，小（城）镇经济社会不能持续发展"的恶性循环局面，要通过宏观引导和微观治理等措施不断调整优化特色小（城）镇生产—生活—生态"三生"耦合情景，使其合理有序协调协同发展；同时也纠正了特色小（城）镇培育建设发展过程中布局不合理的现象，使特色小（城）镇的发展能够不断适应自然生态环境，最终实现其协同进化目标。

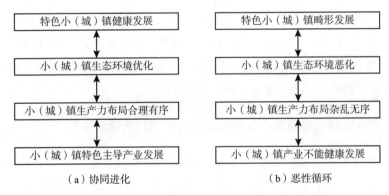

图 2 - 6　特色小（城）镇空间结构与社会经济协同进化机制

资料来源：作者自绘。

（三）生态学理论与特色小（城）镇培育建设发展

生态学理论为特色小（城）镇的培育建设发展奠定了重要的理论基础。首先，生态学的生物多样性原理要求特色小（城）镇的培育建设发展应多种多样。其次，互利共生理论说明特色小（城）镇培育建设发展过程中，经济—社会—环境之间是互促互进的，要协调好三者之间的关系，使生产、生活、生态"三生"有机地融合在一起。第三，协同进化理论说明特色小（城）镇的经济、社会、环境之间是一种协同进化的关系。否则，将进入恶性循环状态。

由此可以看出，特色小（城）镇的培育建设发展与生态学之间有着密切的关系，生态学原理及内容不仅是特色小（城）镇培育建设发展的重要内容之一，而且为特色小（城）镇的培育建设发展提供了坚实的理论基础。

四、可持续发展理论

（一）可持续发展理论内涵

1998 年，世界环境与发展委员会认为，可持续发展的首要问题是发展，发展是人类永恒的主题。其次是协调，这是其核心内容。既强调代内公平，又强调代际公平。这一概括性内涵的界定得到了广泛接受和认可，并在全球范围内达成共识。其基本原则包括：公平原则、持续原则、协调原则、环境价值原则、公众参与原则、生态安全原则、区域特色原则等（贾春宁，2004；郑飞鸿、田淑英，2019）。

（二）可持续发展理论与特色小（城）镇培育建设发展

可持续发展理论在特色小（城）镇的培育建设发展过程中具有重要的指导作用。一是特色小（城）镇是一个块状经济体，其内部的经济社会环境必须是一个完全协同的有机体，其间的协调、协同发展成为特色小（城）镇培育建设发展的关键。二是小（城）镇特色产业的转型升级，包括传统特色产业的升级改造，主要是通过企业产品的转型升级来带动促进特色产业的转型升级，企业产品的转型升级以及特色产业的转型升级与可持续发展必将促进特色小（城）镇的不断升级与可持续发展（郑飞鸿、田淑英，2019；见图 2 - 7）。

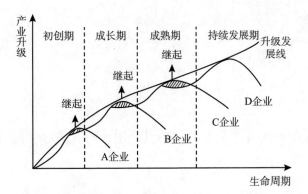

图 2 - 7　特色小（城）镇企业产品升级与可持续发展

资料来源：郑飞鸿，田淑英．生态型特色小镇升级与可持续发展的路径与保障［J］．安徽农业大学学报（社会科学版），2019（3）：51 - 57.

第三章

特色小（城）镇类型划分与发展现状

　　我国城镇化的发展方针及其演变过程，充分说明了小（城）镇是我国城镇体系的重要组成部分，历来都比较重视小（城）镇的建设发展。尤其是在 2016 年出台的"十三五"规划纲要中明确提出"因地制宜发展特色鲜明、产城融合、充满魅力的小城镇"，各部委以及各级政府出台相关支持政策，推动特色小（城）镇培育建设发展迅速形成热潮。截至 2018 年 12 月，住房和城乡建设部、国家体育总局、林业和草原局先后公布特色小镇 403 个、96 个、50 个，国家级特色小（城）镇总计有 549 个（见附表 1、附表 2、附表 3），另外加上各地政府创建的省级、地市级、县级特色小（城）镇，累计已超过 2 000 个。

　　根据已获取住房和城乡建设部、国家体育总局公布的 499 个国家级特色小镇的地区分布情况看，华东地区数量最多，为 100 个，西南地区次之，为 62 个，前者是我国经济发展水平较高的地区，后者禀赋有独特的旅游资源。按省域分布情况来看，山东、江苏、浙江、广东、四川、湖北以及湖南分别拥有 27 个、26 个、26 个、25 个、24 个、21 个、22 个特色小镇，位列前七位（见图 3 - 1）。由于国家体育总局公布的特色小镇明确为运动休闲类型，所以在类型划分中主要以住房和城乡建设部公布的 403 个特色小镇为依据。

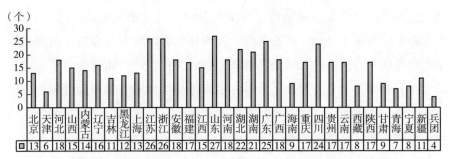

图 3-1　各省（市、区）国家级特色小（城）镇情况一览

资料来源：作者自绘。

一、特色小（城）镇类型划分

根据特色小（城）镇的禀赋资源、生态环境、经济产业、社会文化等各种特色因素的不同，初步将其划分为生态休闲型、特色文化型、运动休闲型、特色农业型、特色工业型、商贸物流型、信息技术型、文化创意型、企业总部型以及金融商务型等类型。

（一）生态休闲型

生态休闲型特色小（城）镇主要应以优良的生态环境资源为基础、以生态休闲产业为驱动、以生态环境文化为特色、以生态环境技术为支撑、以相关制度体系为保障，实现小（城）镇生态环境与经济社会的协调可持续发展。该类特色小（城）镇的顶层设计应以优美的生态环境为本色，构建符合其经济发展规律与市场需求变化趋势的小（城）镇培育建设发展目标体系（包括近期、中期、远期目标体系）；其核心驱动力就是依托优美的生态环境，重点发展生态休闲产业，拉长产业链条，形成符合市场需求趋势的生态休闲产业体系；突出地域生态文化特色，建设宜居宜游的生态休闲小（城）镇，增强居民的归属感和自豪感；建立完善相应的保障体系（陆勇峰，2018）。

（二）特色文化型

特色文化型小（城）镇就是立足古镇特色文化之魂，保护与开发并

— 49 —

具。尤其要以原真性、完整性、永续性为原则对古镇风貌进行保护修缮，既包括古镇的历史建筑、街巷肌理、风貌环境等物质空间保护，达到修旧如旧的目的，也包括传承风俗民情等非物质文化遗产，体现原汁原味的古镇文化。在此基础上，开发完善与古镇文化相协调的古镇风貌鉴赏、古镇文化鉴赏、古镇生活体验等系列旅游产品体系，增强古镇文化旅游的参与性，丰富古镇文化旅游的夜色经济，尽可能延长古镇游的时间，以此保持古镇旺盛的生命力，促进特色文化型小（城）镇的健康可持续发展（陆勇峰，2018）。

（三）运动休闲型

随着我国经济社会发展水平的不断提高，人们对营养、运动、健康等方面的参与度逐步提升，"全民健身""运动＋休闲＋健康"等生活理念深入人心，多元化的户外休闲健身运动已成为一种社会消费需求趋势。运动休闲型特色小（城）镇培育建设发展的首要条件就是生态环境优美，适宜人们养生健身；其次在项目设计上要紧跟运动休闲步伐，建设发展贴近城乡居民生活的运动休闲方式，形成"运动＋"模式，融合高科技元素强化运动服务，推动户外运动用品供应，将休闲运动与旅游、文化、农业、工业、科技等方面有机地结合起来，最终形成运动休闲型特色小（城）镇所特有的户外休闲、骑行文化、冰雪运动、极限探索、运动品牌等运动休闲产业链。

（四）特色农业型

顾名思义，特色农业型小（城）镇就是依据当地的特色农业产业优势，以休闲农业为导向的体验原汁原味的乡村"慢"生活情景，具体包括：农作物生产至收获过程中的耕种、采摘、加工以及农产品买卖体验，农村居民的节庆、活动、演义等乡风民俗体验，乡村聚落风貌、景观以及田园风光鉴赏，乡村民宿、野营、饮食体验等，营造出一种有别于都市生活方式的具有浓厚"乡愁"氛围的乡村"慢生活"，以此带动乡村特色餐饮、养生养老以及休闲农业的健康发展，促进特色优质绿色有机农产品品牌化生产、体验化消费，进一步拉长特色农业产业链条，提升农产品附加价值，带动特色农业小（城）镇可持续发展。

（五）特色工业型

特色工业型小（城）镇主要位于大城市、特大城市、超大城市的郊区，因其紧邻某一高校园区或某一先进工业园区等区位优势，培育形成的"产学研＋应用＋孵化"深度融合的产业链体系，借助快速便捷的信息技术，依托智能制造，成为由"中国制造"向"中国智造"升级的空间载体。特色工业型小（城）镇培育建设发展的关键环节包括：传统制造业基础雄厚，科研机构强大、创新人才济济，"产学研＋应用＋孵化"深度融合的产业链。

（六）商贸物流型

主要依托小（城）镇"网络节点"的便利条件，在人流、物流、资金流、信息流、生态流等生产要素大量流动的基础上，实现"港－城－产"的融合发展。由于大量人流的存在，必将产生各种各样的餐饮、购物、住宿等方面的需求，从而带动相关产业的发展；大量物流、资金流、信息流的存在是电子商务及现代物流业发展的基础，从而带动电子商务、现代物流、会展业以及信息产业的发展。因此，商贸物流型特色小（城）镇健康发展的关键就是进一步发挥其网络节点的便捷度、通达度，依托便捷的交通条件，促进物流、信息流的发展，继而带动高端生产要素集聚，形成拉长商贸物流产业链条，推动商贸物流型特色小（城）镇的健康发展。

（七）信息技术型

该类特色小（城）镇一般位于大城市、特大城市、超大城市的郊区，作为高新科技产业，需要相应的培育建设发展环境，尤其是需要大型主流企业的引领带动，才能充分发挥其良好的毗邻区位优势，以便于形成具有"双创"特征的信息技术生态链条。主流企业本身就是一种优质资源，具有良好的品牌效应，对其上下游中小企业以及旁侧企业都具有强大的吸引力和号召力，继而凝聚在一起，形成信息技术型特色产业集群。同时，主流企业本身还具有很强的孵化功能，能够催生更多的创新个体以及中小型企业。在特色小（城）镇培育建设发展的相关政策支持下，位于大城市或者特大城市郊区的与主流企业毗邻的小（城）镇，具有天时地利人和之优势，信息技术型特色小（城）镇顺理成章地孕育发展。

（八）文化创意型

随着我国经济社会发展水平的进一步提高，以及社会市场需求个性化、时尚化、特色化的进一步增强，文化产业，尤其是文化创意产业在经济社会发展中的比重将进一步提高。把文创人才"引进来"，让创意产品"走出去"；充分挖掘特色文化元素，构建历史文化核心价值；运用现代手法进行文创设计，使文创与商业有机结合，最终使文化创意型特色小（城）镇发展成为一种独特的历史文化价值的商业体验空间，以满足社会市场的需求趋势。因此，文化创意型特色小（城）镇是人才、文化、产业、社区的有效融合，是"文创+"的跨界融合，是一个"特色历史文化+特色视觉景观+创新性产业+市场运营管理"等方面有机融合于一体的综合创新发展平台。

（九）企业总部型

企业总部型特色小（城）镇主要通过打造宜居特色小（城）镇，吸引高端人才和企业总部入驻。经济社会发展水平越高，交通、信息就越便捷，因此在经济发达的西方国家，企业总部等高端产业并非都要集中于大城市的中心地带，高端人才也并非全都喜欢居住于城市中心。与西方不同的是目前我国的企业总部等高端产业以及相应的高级人才主要都集中于特大城市或者超大城市，尤其是城市的中心地带，几乎没有到小（城）镇上的。随着小（城）镇交通条件的不断改善，信息通信等公共基础设施的不断配套完善，生态环境质量的不断提升，加之政府部门出台的各项政策措施的逐步引导，以及企业市场效应的有效驱动，我国的企业总部和高端人才也会逐渐向小（城）镇进行聚集（陆勇峰，2018）。

（十）金融商务型

金融商务产业的发展是城市产业转型升级的主要标志，也是金融中心等特大城市或者超大城市的主导产业。作为一个国家、一个大的区域乃至全球的经济中心或者金融中心城市，是有条件发展金融商务型特色小（城）镇的。金融商务型小（城）镇作为金融或者商务中心资源疏散地与对接的重要口岸，并为其提供中介服务、投资机构支持等。但金融商务型特色小（城）镇的数量不宜过多。例如，美国的格林威治小镇，是全球第三的对冲基金特色小镇，主要依托纽约全球金融中心而逐渐形成的（陆勇峰，2018）。

二、不同类型特色小（城）镇的培育建设发展演变过程

（一）特色小（城）镇培育建设发展渊源

1997 年《小城镇建设》第 5 期的县镇长论坛栏目，湖北省枣阳市人民政府副市长艾文金在其撰写的"依据区域优势，建设特色城镇"一文提出，特色小（城）镇的培育建设，要及时出台优惠政策，充分挖掘小（城）镇的区域经济优势，注重内涵建设，形成"一镇一品"，真正起到区域经济发展过程中的龙头带动作用（艾文金，1997）。

2006 年以来，在云南、北京、天津等省直辖市的特色小城镇建设实践中，相继提出了"立足特色化发展，提升小城镇的综合竞争力"等。2014年浙江杭州云栖小镇培育建设并予以落实。2016 年在住房和城乡建设部、国家发展和改革委员会、财政部等三部委的大力推广下，这种小（城）镇的地域功能在县域经济基础上发展而来，形成供给侧结构性改革的一种创新经济模式（国家发展和改革委员会，2016）。

2016～2017 年在住房和城乡建设部、国家发展和改革委员会、财政部、国家体育总局、国家林业和草原局等部委局的指导下，各省、直辖市、自治区相继出台培育创建发展特色小（城）镇的指导性意见，明确了特色小（城）镇的发展目标、总体要求、创建路径和工作机制等。

在特色小（城）镇培育建设发展过程中，各省、直辖市、自治区坚持"非镇非区"新理念，坚持"宽进严出"新机制，坚持产、城、人、文"四位一体"新模式，加强生产、生活、生态"三生融合"，加快培育建设一批能够凸显地方产业特色、彰显地方人文底蕴、引领地方创新发展的特色小（城）镇。

截至 2018 年底，住房和城乡建设部公布两批特色小（城）镇试点 403 个，国家体育总局公布 96 个体育运动休闲小（城）镇 96 个，国家林业和草原局按申请批准 50 个森林特色小（城）镇，国家级特色小（城）镇试点共计 549 个；加上各省、直辖市、自治区公布的创建省级特色小镇，数量超过 2 000 个。其中，江苏省获批住建部公布的国家级特色小（城）镇两批 22 个、国家体育总局批准的体育运动休闲小（城）镇 4 个，江苏省发展和改革委员会公布的两批省级特色小（城）镇 56 个，江苏省农业委员会公布第一批农业特色小镇 105 个，由此可以看出仅江苏省已经公布培育建设的特色小（城）镇就达到 178 个（李龙、李春艳，2019）。

（二）特色小（城）镇培育建设发展历程

1. 酝酿勾画阶段

20 世纪 80 年代中后期至 90 年代中期，是小（城）镇乡镇企业的大发展，我国的短缺经济局面得到根本改变，市场由供不应求转变到供过于求，小（城）镇的发展也转变为以质量求生存、以特色谋发展，1997 年湖北省枣阳市提出了特色小城镇建设（艾文金，1997）。进入 21 世纪，云南、北京、天津、河北等省（直辖市、自治区）相继推出建设特色鲜明的小城镇，主要强调小城镇的功能地域，形成了一批特色小（城）镇，取得了一定的实践成效。这一阶段主要侧重于各级地方政府在小（城）镇建设发展方面的谋划与实践，还没有上升到国家战略层面（张顺民、李瑞营，2006）。

2. 探索实践阶段

2012 年浙江省杭州市西湖区云栖工业园区调整发展思路，将"云产业"确定为未来发展方向，目标是经过 3～5 年的发展，吸引集聚上千家云企业，实现产值 100 亿元，税收 5 亿元以上。2016 年云栖小镇累计引进包括阿里云、富士康科技、英特尔、中航工业、银杏谷资本、华通云数据、数梦工场、洛可可设计集团在内的各类企业 433 家，其中涉及云企业 321 家。特色小（城）镇的培育建设试点工作取得了突出成效，得到了中央领导的高度重视，为其复制推广奠定了良好基础（彭巍，2018）。

3. 推广整合阶段

2016 年，国家发展和改革委员会、财政部、住房和城乡建设部共同提出，到 2020 年培育建设 1 000 个特色小镇；住房和城乡建设部公布第一批 127 个特色小镇；随后浙江、上海、江苏、福建、重庆、广东、河北、天津、四川、北京等省市地方政策密集出台。2017 年，国家体育总局、国家林业和草原局办公室先后印发特色小镇建设试点工作通知，住房和城乡建设部公布第二批 276 个特色小镇名单，国家体育总局公布首批 96 个体育特色小镇试点名单；国家发展和改革委员会等四部委联合印发《关于规范推进特色小镇和特色小城镇建设的若干意见》。2018 年，国家林业和草原局办公室依据申请批准了全国首批 50 个国家森林小镇建设试点名单（龚子逸，2018）。

与此同时，由于特色小（城）镇培育建设发展政出多门以及形成不同层级的特色小（城）镇，在特色小（城）镇建设过程中存在诸多问题，加之国家进行部委局整合，所以 2018 年至今住房和城乡建设部没有再公布第三批、第四批特色小（城）镇培育建设名单；并将相关职能转移至国家发展和改革委员会。国家发展和改革委员会也没有进行相应特色小镇建设名单的公布，特色小（城）镇培育建设发展进入相应的整合阶段。

（三）特色小（城）镇培育建设发展要点

结合国家发展和改革委员会、自然资源部、生态环境部、住房和城乡建设部、国家体育总局、国家林业和草原局等部委局的有关特色小（城）镇培育建设发展的文件要求、通知精神，特色小（城）镇培育建设发展的要点主要包括以下几方面：

1. 突出小（城）镇自身特色

特色小（城）镇的培育建设发展的关键就是突出自身的资源禀赋特色、区位优势特色、历史文化特色、生态环境特色等，只有坚持特色与市场需求趋势的有机结合，特色小（城）镇的培育建设发展才能有序推进，其竞争力才能不断提升，特色小（城）镇建设发展才能立于不败之地。

2. 培育发展特色产业集群

借助小（城）镇的特色优势，培育发展符合市场需求趋势的特色主导产业，通过特色主导产业的发展，带动上下游产业的集群发展，拉长产业链条，提高小（城）镇特色产业集群的附加价值，同时还要带动旁侧产业的发展，形成完整的块状经济体。由于上下游产业、旁侧产业的有效衔接，不仅降低了其间的原材料运输成本，提高公共服务基础设施的利用效率，使其有效地进行产品研发公关，而且还可以有序推进低碳循环经济发展，集中采取"三废"处理措施，提升生态环境质量（郭荣朝，2016）。

3. 重视特色产业转型升级

随着地方经济社会发展水平的不断提高，人们的市场需求趋势也会发生相应的变化。因此，特色小（城）镇的特色产业发展也要根据市场需求趋势的变化情景，及时进行转型升级，使特色主导产业不断地高端化、智能化。这样不仅满足了社会消费市场需求不断个性化、时尚化、特色化的变化趋势，还可以提升特色主导产业的技术含量、市场竞争力以及附加价值和社会生态价值，同时也体现了特色小（城）镇的"特""小""镇""精"等特征。

4. 不断完善基础设施配套

特色小（城）镇的主导产业以及辅助产业的健康发展，离不开完善的基础设施配套建设。具体包括交通设施配套建设、信息通信设施配套建设、市政工程设施配套建设、文化教育设施配套建设等。只有使这些基础设施不断地配套完善以及其间的有效衔接，才能提高其运转效率，为特色小（城）镇的经济社会发展提供更好的保障，以促进特色小（城）镇的高效率、高质量健康发展。

5. 密切关注生活品质提升

"安居乐业"是人们日常生活追求的目标。小（城）镇特色主导产业的转型升级、逐步高端化，离不开高端人才的支持。在特色小（城）镇培育建设发展过程中，为了留住人才、吸引人才，不仅需要事业留人，还需要环境留人。为他们提供良好的生活环境，不断提升特色小（城）镇的生活质量，使他们能够安下心来将更多的精力投入特色小（城）镇培育建设发展的各项事业中去，最终实现"安居乐业"之目的。"宜居宜业"二者相辅相成、互促互进，共同发展。

6. 注重城镇特色风貌打造

如果说特色产业培育发展、生活品质逐步提升、基础设施不断配套这些环节属于特色小（城）镇的内涵发展的话，那么特色风貌打造则属于特色小（城）镇的外在表现。小（城）镇特色风貌打造包括特色古镇的修旧如旧、现代小镇的高端舒适、历史文化的复制再现等诸多方面，使特色小（城）镇的建设不仅体现在"形"上，而且更要体现在"魂"上，最终使特色小（城）镇的"形"与"魂"有机地结合在一起。

三、影响特色小（城）镇培育建设发展的因素

（一）资源禀赋因素

资源禀赋，尤其是特色资源禀赋条件是特色小（城）镇培育建设发展的先决条件，其"特色"很大程度上取决于特色资源禀赋情景或者特色资源共生禀赋情景，要探究特色资源共生禀赋对特色小（城）镇培育建设发展的影响，可从产业和市场两方面分析。20世纪80年代中期以后，全国各地兴建了各级各类的开发区、新城、新区、特区等，为我国经济社会发展做出了突出贡献，它们的产业基础较为完善，可作为特色小（城）镇培育建设发展的重要依托。尤其是北京、上海、广州、深圳等超大城市的国家级开发区分布密集，特色小（城）镇数量也较多，这说明特色小（城）镇聚集在开发区周边，不仅可以充分发挥开发区所带来的资源溢出效应，也有利于将特色小（城）镇的培育建设发展延伸为具有深厚产业基础并兼

具多种功能的开发区的一个具备某一功能的区域空间发展平台。

另外，我国中西部地区特色小（城）镇的培育建设发展主要是建立在特色资源禀赋的基础上，尤其是建立在特色旅游资源禀赋的基础上，形成一些特色旅游小（城）镇。

（二）地形地貌因素

地形地貌等自然环境条件在人类文明初期，尤其是古代，对人们的行为产生着重要影响，并出现了"地理环境决定论"等观点，也充分说明地形地貌在很大程度上影响着一个地方的传统文化特色、生产方式、生活习惯以及交通的便捷程度。例如，古语"蜀道难，难于上青天"，就充分说明了地形地貌对川渝地区交通道路建设的影响，也影响着该地区的"棒棒文化"（力哥）等传统文化的形成以及相应的生产生活习惯。特色小（城）镇的空间布局自然也会受到地形地貌等自然环境条件制约，从而形成不同类型特色小（城）镇在地形地貌等自然环境要素上的分布差异。

我国地势总体上呈西高东低、呈阶梯状依次分布，西部一二级阶梯高海拔地区的特色小（城）镇主要是特色旅游类和特色产业类两种类型，高海拔地区的特色旅游类小（城）镇在数量上明显高于特色产业类小（城）镇，这也从另外一个侧面说明地形地貌等自然环境条件对特色小（城）镇地区分布差异的影响是显著的。相对于特色产业类小（城）镇而言，特色旅游类小（城）镇的海拔高度更高，一方面是由于高海拔地区的地文景观、生物多样性景观等自然旅游资源更为丰富独特，自然旅游资源禀赋优势更为突出；另一方面因为其交通、通信等基础设施条件相对落后、生态环境脆弱，影响制约着特色产业类小（城）镇的培育建设发展。

（三）区位条件因素

良好的区位条件，尤其是良好的交通区位条件、经济区位条件对特色小（城）镇的培育建设发展具有十分重要的影响，意味着可能接受大城市、超大城市的辐射带动，可能获取更多的物流、人流、资金流、信息流，更加有利于生产要素集聚，继而推动特色小（城）镇更快地建设发展。因此，区位条件因素是影响特色小（城）镇培育建设发展的关键因素之一。例如，浙江省杭州市西湖区云栖特色小镇的形成发展过程，充分说明了良好的经济区位条件是其快速发展的关键因素之一，当然其功能定位、政策支持也是不可或缺的重要因素。

我国地域辽阔，主要铁路干线集中分布在中东部地区，这为特色小（城）镇资源要素集聚提供了便利的交通条件，特色小（城）镇分布较为密集；西部地区自然环境条件较差，铁路交通基础设施密度较小，交通区位条件较差，特色小（城）镇数量较少。说明特色小（城）镇的空间分布与铁路等交通区位条件的便捷程度具有一致性特征，交通区位条件是特色小（城）镇培育建设发展的重要因素之一。

（四）产业发展因素

特色资源禀赋优势、适宜的地形地貌因素、良好的区位条件等要素的有机组合，将为特色产业（集群）的培育发展奠定良好的基础。研究结果显示，信息技术、金融商务以及特色工业类型中的高端制造类特色小（城）镇主要分布于产业创新程度较高的各类开发区、新城、新区、特区的周边，这也是专业化分工越来越细、越来越专业的客观需要；旅游类特色小（城）镇既可以分布于特大、超大城市周边具有特色旅游资源的地区，以满足旅游市场大众化的就近消费，也可以分布于特色旅游资源禀赋优势比较突出的边远地区，以满足旅游客源市场的高层次需求，因此，旅游类特色小（城）镇的分布相对较为均匀，各个区域均有分布。

产业发展因素离不开生产要素的有效集聚。特色资源禀赋是第一生产要素，是特色小（城）镇特色主导产业确定的基础，要根据当地特色历史文化资源与天然旅游资源等要素以及市场需求趋势精准识别与选择确定主导产业，并进行塑造发展。金融支持也是影响产业发展的重要因素之一，任何企业的发展都离不开金融的有效支持，畅通的多元化的融资渠道是产业融合发展的前提。人才是最具活力的小（城）镇特色产业发展要素，要创新小（城）镇用人机制，要能够留住人、吸引人，使人才向特色小（城）镇集聚。

总体而言，特色小（城）镇作为产业转型升级、产业高端化的产城融合的空间载体，必须通过产业集群的不断创新来实现生产要素高阶化与产业集群价值链的不断攀升，及时实现供给侧结构性改革，以此满足人民群众日益提高的多元化需求，最终使特色产业发展立于不败之地，推动特色小（城）镇健康发展。如信息技术型、高端制造型特色小（城）镇的培育建设发展要注重创新资源、信息和成果等互通共享，以便于形成精细的产业创新网络；特色文化等类型的特色小（城）镇的培育建设发展更加强调历史人文内涵的充分挖掘和传承，当然也需要创新为其注入新的活力。

（五）人口数量因素

人是特色小（城）镇培育建设发展过程中最具活力的因素。特色小（城）镇的培育建设发展必须具备一定的人口规模，必须具备一定的人口集聚能力，这样才能够给特色小（城）镇的培育建设发展带来无穷无尽的动力。从我国各类特色小（城）镇的分布情况看，高人口密度的旅游类特色小（城）镇和产业类特色小（城）镇多分布于东部沿海经济社会发展水平较高的地区，同时高人口密度的产业类特色小（城）镇数量也明显多于旅游类特色小（城）镇，说明相对于旅游类特色小（城）镇而言，产业类特色小（城）镇的培育建设发展仍然需要一定的劳动力投入和潜在的市场需求，更加偏向于分布在人口密集地区。而旅游类特色小（城）镇的培育建设发展具有强烈的特色资源指向性，对人口集聚要求相对较弱（时浩楠、杨雪云，2018）。

（六）基础设施因素

完善的基础设施条件是特色产业（集群）发展和特色小（城）镇培育建设发展的基础性条件。特色小（城）镇的培育建设发展首先要进行科学严谨的整体规划和顶层设计；其次进行道路系统、给排水、供电、邮政通信、垃圾处理等市政工程设施建设，为特色小（城）镇的产业集聚与宜居生活创造便捷舒适的条件；加强特色小（城）镇与其他区域间的高速公路、高铁、机场等交通设施以及供电、排水、邮政通信等基础设施的建设与完善，形成各层次的有效衔接的交通通信骨干网络，缩短特色小（城）镇与外界的时空距离，以促使他们之间进行合理的劳动地域分工。

随着互联网信息技术的快速发展，现代信息技术等基础设施的配套建设在特色小（城）镇的培育建设发展过程中显得尤为重要，特色小（城）镇建设智能化、产业高端化都离不开信息网络技术的建设与推进，通过"互联网＋"使得小（城）镇的土地资源、人力资源和历史文化资源等要素被激活，将会涌现出一批"乡村旅游"等新业态，使特色小（城）镇的产业融合进一步深化，给特色小（城）镇的培育建设发展带来新的机遇。

（七）政策驱动因素

政策导向是影响特色小（城）镇培育建设发展的助推器，国家层面的宏观导向政策和各级地方政府的支持政策是特色小（城）镇产业发展与功能完善的重要保障。2016 年是国家层面引导特色小（城）镇培育建设发展政策密集出台的一年，不仅将特色小镇培育建设发展写入 2017 年政府工作报告，而且国家发展和改革委员会、财政部、住房和城乡建设部、国家体育总局、国家林业和草原局等诸多部委局密集出台特色小（城）镇培育建设发展指导文件，各级地方政府也根据区域特色密集出台政策对某些产业进行规制或鼓励，因此特色小（城）镇的培育建设发展成为政策支持的热点。明确了特色小（城）镇既可以独立于市区，也可以是大城市周边的重点镇、具有特色资源或区位优势的小（城）镇、远离中心城市的小（城）镇；要因地制宜地发展特色鲜明、产城融合、充满魅力的小（城）镇，与疏解大城市中心城区功能相结合。这些政策的出台不容置疑地对特色小（城）镇的培育建设发展起到了重要的推动作用，但也不可否认宽松的政策也使一些房地产逐渐渗透到特色小（城）镇的特色产业中，继而形成一些新的"空镇""鬼镇"。

（八）文化特色因素

文化是特色小（城）镇培育建设发展的灵魂，起着先导和引领作用。

文化是一个相对较为宽泛的概念，在特色历史文化资源挖掘方面潜力无限，要根据社会市场需求趋势进行充分挖掘，弘扬传统文化，传递正能量，凝聚"精气神"。国家历史文化名镇等旅游类特色小（城）镇的培育建设发展过程显示，历史文物古迹、古建筑群落、民间风俗习惯、民间艺术、宗教文化等文化旅游资源都是由文化本身衍生而来，因此旅游类特色小（城）镇必然会偏向于文化氛围浓厚的地区。同时，在其他类型的特色小（城）镇的培育建设发展过程中也要注重特色文化塑造，比如特色企业的发展必须培育形成适合自身发展需要的能够提升员工"精气神"的企业文化，这对企业的产品研发、生产销售都具有重要的促进作用（时浩楠、杨雪云，2018）。

（九）科学技术因素

科技是第一生产力，科技创新是社会进步的关键动力，尤其是在新业态的形成与发展过程中扮演着重要角色。科技创新与特色小（城）镇的培育建设发展相辅相成，互促互进。第一，科技创新是特色小（城）镇培育建设发展的关键动力之一。科技创新所形成的大数据分析、互联网等一系列新技术，能够突破早期"有目的介入"的惯性选择，有利于特色小（城）镇的培育建设发展；同时，科技创新所产生的倒逼机制将有效引导特色小（城）镇的特色传统产业转型升级，逐步高端化。第二，特色小（城）镇的培育建设发展为科技创新提供了物质基础与实践支撑。特色小（城）镇的培育建设发展必将促进生产力水平提高，带动周边区域经济发展，致使科技设施不断完善、研发投入不断增加、研发人员不断增多。尤其是理论创新、管理创新，对技术创新有着重要的引导作用。特色小（城）镇的培育建设发展能够给理论创新提供良好的空间载体，给予有效的实践支撑，甚至成为新时代的"特区"。

（十）信息平台建设

特色小（城）镇信息平台建设，尤其是互联网信息平台建设，满足了各参与主体、服务对象等方方面面产业、生活、旅游信息的需求，这是一个统一的综合信息服务平台，是一个体现特色小（城）镇"宜业宜居宜游"职能的基础性信息设施。因此，特色小（城）镇的信息服务平台建设就是要聚焦重点领域，为搭建"镇—企—银"联盟合作起到桥梁纽带作用，要服务于特色产业企业的转型升级，服务于生产要素的自由流动，服务于社会需求指引，为推动特色产业企业等社会资本与特色小（城）镇建设进行有效对接提供基础支撑。

（十一）城镇化水平

特色小（城）镇培育建设发展是新型城镇化有序推进的重要内容之一。城镇化水平越高，在一定程度上说明这一地区的经济社会发展水平越高，人们的需求收入弹性系数越大，对高端消费品、个性化产品以及休闲度假旅游等弹性系数较大的产品的需求也就随之增加，越有利于特色小（城）镇的培育建设发展。因此，总体来说特色小（城）镇的培育建设发展与其所在地区的城镇化水平之间呈现出明显的线性正向关系，二者互促互进，共同发展。然而，生态、文化、运动休闲等类型特色小（城）镇所在地区的城镇化水平相对比较低，说明这些类型的特色小（城）镇的培育建设发展的市场主要是满足其他城镇化水平较高地区人们的需求，因此特色资源的充分挖掘不能就小（城）镇论小（城）镇，一定要拓宽视域，提高眼界，展望未来（谢宏、李颖灏、韦有义，2018）。

（十二）经济发展水平

经济发展水平是影响特色小（城）镇培育建设发展的根本因素之一。一般来说，经济发展水平越高的地区，财政收入也就越多，用于特色小（城）镇培育建设发展的资金投入也就越充足，基础设施配套建设也就越完善，也就越有利于引进大型企业入住落户，从而激发更多的工商社会资本进入，使特色小（城）镇的经济活力越来越活跃。

与此同时，特色小（城）镇的培育建设发展还深受所在地区经济基础以及经济发展水平影响。金融商务、企业总部等类型的特色小（城）镇大多位于经济发达地区；高端设备制造等类型的特色小（城）镇主要分布在经济发达和中等发达地区；生态休闲、运动休闲等类型的特色小（城）镇则主要分布于经济欠发达地区（谢宏、李颖灏、韦有义，2018）。

（十三）社会需求水平

市场需求是推动特色小（城）镇培育建设发展的根本动力之一，在相关政策的支持下，充分挖掘特色小（城）镇的资源禀赋优势，最大限度地发挥市场机制作用是小（城）镇特色产业培育发展成功的重要原因。改革开放以来，随着我国经济发展水平和消费需求水平的进一步提高，人们的消费心理及消费观念也都发生了根本性变化，由短缺经济时代的吃饱穿暖需要逐步演变为吃好穿好玩好，社会市场需求逐步呈现出多样化、个性化趋势。面对人民群众日益多样化的市场需求，产业发展、企业生产必须及时进行调整，及时进行供给侧结构性改革，以适应社会需求水平提升以及市场变化趋势的需要。与此同时，特色小（城）镇培育建设发展也是乡村振兴的助推器，要融合城乡市场发展需要，促进特色小（城）镇以及乡村产品与服务等相关产业的发展，有序推进城乡发展一体化，使特色小（城）镇的培育建设发展成为城乡融合发展以及城乡资源要素整合的桥梁和纽带。

四、特色小（城）镇培育建设发展的现状特征

截至 2018 年 12 月底，国家住房和城乡建设部公布两批 403 个特色小（城）镇，国家体育总局公布 96 个体育休闲特色小（城）镇，国家林业和草原局批准了 50 个森林特色小（城）镇，共有各类国家级特色小（城）镇总计 549 个（见附表 1～附表 4）。

（一）总体特征

1. 地域差异较大

从地域分布来看，地处华东地区的山东省、江苏省、安徽省、上海市、浙江省、江西省、福建省，特色小（城）镇的数量最多，共有 154 个，占 28.05%；地处中南地区的河南省、湖北省、湖南省、广西壮族自

治区、广东省、海南省，特色小（城）镇总数为 124 个，占 22.59%，居第二位；居于第三位是西南地区，四川省、重庆市、贵州省、云南省、西藏自治区的特色小（城）镇共计 91 个，占 16.58%；地处华北地区的北京市、天津市、河北省、山西省、内蒙古自治区，共有特色小（城）镇 72 个，位居第四位，占 13.11%；第五位为西北地区（陕西省、甘肃省、宁夏回族自治区、青海省、新疆维吾尔自治区、新疆生产建设兵团），共有特色小（城）镇 61 个，占 11.11%；最少的是东北地区（辽宁省、吉林省、黑龙江省），特色小（城）镇 47 个，占 8.56%。特色小（城）镇最多的华东地区是最少的东北地区的 3.28 倍。[①]

从省域来看，特色小（城）镇的数量居前三位的省域为山东省（30 个）、江苏省（27 个）、浙江省（27 个），主要处于我国东部沿海经济发达地区。特色小（城）镇的数量最少的省份为天津市（6 个）、青海省（7 个）、西藏自治区（8 个）、宁夏回族自治区（9 个）、甘肃省（9 个），主要集中于我国经济欠发达的西部地区。[②]

2. 大城市郊区入选较多

以住房和城乡建设部公布的 403 个特色小（城）镇为例，平原地区、丘陵地区、山地地区以及其他地区入选的特色小（城）镇的数量和比例分别约为：157 个（37%）、138 个（33%）、117 个（28%）和 9 个（2%），平原地区比山地地区多 9 个百分点。从经济区位（距大城市的远近距离）方面看，农业地区、大城市近郊区、远郊区入选的特色小（城）镇的数量和比例分别为：190 个（46%）、123 个（30%）和 96 个（24%），大城市的郊区（近郊区、远郊区）入选较多，占比达到 54%。[③] 由此可以看出，在经济相对比较发达的平原地区大城市、超大城市周边，由于劳动地域分工进一步细化，形成一些特色专业小（城）镇，以及为了满足城市居民的休闲旅游需要，尤其是短时间的周末休闲旅游需求，而催生培育出休闲旅游特色小（城）镇，例如，上海市郊区的朱家角特色小（城）镇（张立，2018）。

---

①②③　由附表 1、附表 2 计算得到。

3. 以特色旅游产业为主

特色小（城）镇的特色产业，既有传统的经典产业，更有经济社会发展水平提高以后，社会市场需求量巨大的新兴产业、文化产业以及旅游产业。传统的经典产业主要有茶叶、石刻、丝绸、瓷器、文房、玉雕等；新兴产业主要包括环保、健康、时尚、信息、金融、高端装备等；文化，尤其是特色历史文化被誉为特色小（城）镇的"灵魂"，是特色小（城）镇获得精神认同和回归的支撑，主要包括历史、社区、邻里、宗教、建筑、名人等多元文化元素；特色旅游产业则是一种泛指，包括：旅游＋乡村、旅游＋工业、旅游＋农业、旅游＋健康、旅游＋体育运动、旅游＋科技、旅游＋教育等多元产业的融合业态。

从小（城）镇的特色产业培育发展来看，主要包括特色旅游业在内的特色第三产业、特色工业以及特色农业等类型，当然，特色工业以及特色农业类型的小（城）镇或多或少也具有一定的旅游职能，也就是说一个特色小（城）镇可以有多种职能类型。因国家体育总局、国家林业和草原局批准的 146 个特色小（城）镇都具有主要职能类型的确定，这里仅以国家住房和城乡建设部公布 403 个特色小（城）镇为例进行说明。具有旅游职能类型的特色小（城）镇达到 232 个，占比达到 57.6%，超过一半；历史文化职能类型的特色小（城）镇 150 个，占比 37.2%，超过 1/3；工业发展职能类型的特色小（城）镇 117 个，占比 29%；农业服务职能类型的特色小（城）镇 114 个，占比 28.3%；商贸流通职能类型的特色小（城）镇 79 个，占比 19.6%；民族聚居职能类型的特色小（城）镇 39 个，占比 9.7%；其他职能类型的特色小（城）镇 57 个，占比 14.1%。①

4. 总体认可度比较高

认可度是指在历来的各项评比中获得的称号。国家住房和城乡建设部公布的 403 个特色小（城）镇共获得各类国家级称号 537 项，平均每个特色小（城）镇有 1.3 项。其中，中国历史文化名镇 69 个，国家级重点镇 248 个，全国美丽宜居小镇 72 个，全国特色景观旅游名镇 70 个，国家新

---

① 张立.403 个国家（培育）特色小城镇的特征分析及若干讨论［EB/OL］.（2018 - 11 - 07）. http：//www.sohu.com/a/273709262_100020178.

型城镇化试点镇 48 个，财政部与住房和城乡建设部建制镇试点示范镇 30 个。由此可见，入选的特色小（城）镇的社会认可度相对比较高，入选前就已经是小城镇建设发展的领头羊。①

5. 非物质文化传承职能突出

在国家住房和城乡建设部公布的 403 个特色小（城）镇中，分别有中国历史文化名镇以及国家级非物质文化遗产传承、省级非物质文化遗产传承、市级非物质文化遗产传承职能的特色小（城）镇 69 个（占比 17%）、134 个、216 个、226 个（合计占比 79%），具有不同程度的非物质文化传承职能的特色小（城）镇占据主要地位②。

（二）经济特征

1. GDP 总量差异很大

入选的国家级特色小（城）镇主要分布在经济社会发展水平较高的长江三角洲城市群、珠江三角洲城市群、成渝城市群、山东半岛城市群等经济发达地区。其中，2016 年广东省北滘镇的 GDP 总量 515 亿元、内蒙古罕台镇 424 亿元，2015 年贵州省茅台镇 GDP 总量 402 亿元，这些小（城）镇的共同特点是产业特色鲜明、原有经济基础相对较好，具有一定的产业传承。与此同时，西藏自治区的巴嘎乡，GDP 总量仅有 1 792 万元，是入选特色小（城）镇中最少的，仅占北滘镇 GDP 总量的万分之三点五。这也说明经济总量只是特色小（城）镇入选的条件之一，而不是决定性因素。③

2. 居民收入差异较大

403 个特色小（城）镇的城镇居民人均可支配收入年均值为 2.63 万元，天津市大王古庄镇最高，达到 9 万元，湖南省边城镇最低，仅为 3 548 元，后者只是前者的 3.8%。农民人均可支配收入年均值为 1.58 万元，仅为城镇居民可支配收入的 60%，中位数是 1.42 万元，最低者仅为最高者的 16.4%。④

---

①②③④ 张立.403 个国家（培育）特色小城镇的特征分析及若干讨论［EB/OL］.（2018 - 11 - 07）. http：//www.sohu.com/a/273709262_100020178.

3. 公共财政差异很大

上海市安亭镇公共财政收入最多，达到 140 亿元；西藏自治区桑耶镇最少，仅有 30 万元，前者是后者的 1.3 万倍。403 个入选特色小（城）镇的公共财政收入均值为 3.37 亿元，中位数仅为 7 256 万元。其中，可支配财政收入均值为 1.64 亿元，中位数为 4 372 万元；可支配财政收入占公共财政收入的比重平均为 61%，中位数是 63%；可支配财政收入低于 1 000 万元的特色小（城）镇 56 个。[①]

4. 投资冷热极不均衡

特色小（城）镇全社会固定资产投资总额 9 189 亿元，均值 23.15 亿元，中位数 12.31 亿元。投资额较高的特色小（城）镇主要集中于山东省、东北、天津和江浙地区。山东省崮山镇最高，达到 298 亿元；西藏自治区桑耶镇最低，仅为 71 万元。民间固定资产投资总额为 5 466 亿元，平均值 9.8 亿元，中位数 6.3 亿元，黑龙江省阜宁镇最多，达到 132 亿元；新疆维吾尔自治区色力布亚镇最少，仅有 58 万元[②]。

（三）产业特征

1. 产业类型多样，聚焦度不够

特色小（城）镇申报的产业类型主要包括商贸流通型、工业发展型、农业服务型、旅游发展型、历史文化型、民族聚居型和其他七种类型。其中，商贸流通型和农业服务型各区域几乎均有分布；民族聚居型主要分布在西部与西南地区；旅游发展型和历史文化型呈现出南多北少的现象，工业发展型呈中部多、南北少的特点。2/3 的特色小（城）镇兼具多重产业类型特征，甚至有特色小（城）镇还具有四种及以上产业类型（薛珂，2018）。

2. 以特色传统产业为主，竞争力不强

特色小（城）镇主要产业总产值高达 2.2 万亿元，产出均值 57.1 亿元，中位数 9.8 亿元，产值较高的特色小（城）镇主要集中分布于长三角

---

①② 张立. 403 个国家（培育）特色小城镇的特征分析及若干讨论 [EB/OL]. (2018 - 11 - 07). http://www.sohu.com/a/273709262_100020178.

城市群、珠三角城市群、京津冀城市群、山东半岛城市群和川渝城市群等经济社会发展水平较高的区域。其中，广东省北滘镇（家电制造）最高，达到 1 764 亿元。特色小（城）镇的主要产业是以农业和农业相关产业及一般制造业为主，初具特色，竞争力仍待培育。

3. 就业情况总体较好，但分布不均

特色小（城）镇平均每镇解决就业人员 12 823 人，中位数 6 000 人，长三角城市群、珠三角城市群、京津冀城市群、山东半岛城市群和川渝城市群等地区解决就业人员总体上较多。其中，2016 年广西壮族自治区校椅镇创造就业岗位最多，达到 168 622 个，这是因为校椅镇拥有国家级星火技术密集建设区。总体来看，特色小（城）镇的就业贡献地区分布很不均衡（张立，2018）。[①]

（四）建设特征

1. 人口规模地域差异较大

特色小（城）镇的镇域人口规模均值 5.66 万人，中位数 4.46 万人。广东省乐从镇高达 31.13 万人，西藏自治区巴嘎乡只有 1 690 人，两者相差 184 倍。镇区人口规模均值 2.66 万人，中位数 1.77 万人，浙江省柳市镇高达 16.2 万人，甘肃省清源镇只有 500 人；镇区人口规模大的特色小（城）镇主要分布在江浙、川渝地区和山东省。[②]

2. 建成区面积地域差异明显，人均值普遍偏高

长三角城市群、珠三角城市群和山东半岛城市群地区特色小（城）镇的建成区面积较大，内陆地区则相对较小（除川、渝、桂、豫的部分镇），平均建成区面积 4.43 平方公里，中位数 1.64 平方公里，30% 特色小（城）镇建成区面积在 5 平方公里以上。人均建设用地面积 235 平方米，17% 的特色小（城）镇人均建设用地在 400 平方米以上，60% 的特色小（城）镇人均建设用地在 150 平方米以内。[③]

[①②③]　张立. 403 个国家（培育）特色小城镇的特征分析及若干讨论［EB/OL］.（2018 - 11 - 07）. http：//www. sohu. com/a/273709262_100020178.

3. 机构设置率较高，实际效能尚待检验

94%的特色小（城）镇设有规划建设管理机构，87%的特色小（城）镇设有综合执法机构。两个机构均未设置的特色小（城）镇仅有 11 个，多位于西北地区；没有设置综合执法机构的特色小（城）镇多位于新疆维吾尔自治区、西藏自治区、青海省、甘肃省等西北地区和部分中部地区（河南省、陕西省）及东北地区（黑龙江省、吉林省）。尽管规划机构设置率较高，但其实际效能尚待检验。

4. 西北地区基础服务设施有待提升

自来水普及率均值 98.6%，仍有 14 个镇低于 90%，其中青海省、西藏自治区各 3 个，吉林省、海南省各 2 个；生活污水达标排放率均值 89.5%，低于 50%的特色小（城）镇 19 个，其中广东省 3 个，新疆维吾尔自治区、河南省、四川省和海南省各 2 个；生活垃圾无害化处理率均值 93.6%，低于 50%的特色小（城）镇 9 个，新疆维吾尔自治区、青海省、辽宁省各 2 个；宽带入户率 83.7%，低于 50%的镇 27 个，甘肃省和西藏自治区各 3 个，新疆维吾尔自治区、宁夏回族自治区、湖南省、河北省各 2 个；平均拥有 5 个大型连锁超市或商业中心，没有大型连锁超市或商业中心的特色小（城）镇 32 个，新疆维吾尔自治区、西藏自治区各 4 个，云南 3 个。新疆维吾尔自治区、西藏自治区、甘肃省、青海省等西北地区特色小（城）镇的整体服务设施建设较弱，海南省、云南省、四川省、河南省、湖南省、河北省、辽宁省等省份的一些特色小（城）镇部分服务设施有待提升（张立，2018）。

五、特色小（城）镇培育建设发展过程中存在的问题

（一）管理主体多元，主体责任不清

2016 年特色小（城）镇培育建设发展上升到国家层面以来，先后由住房和城乡建设部、国家体育总局以及国家林业和草原局批准特色小（城）镇 549 个，同时还有地方住建部门、发展和改革部门以及农业委员会等政府部门公布的各类特色小（城）镇建设试点名单，呈现出管理主体多元、

主体责任不清的特征。2016 年至 2018 年 9 月，累计颁布国家层面的特色小（城）镇培育建设发展直接性政策文件 14 个，其中多部门联合发文 7 次，涉及住房和城乡建设部、国家发展和改革委员会、财政部、中国农业银行、国家开发银行、中国建设银行、国土资源部、环境保护部等诸多部门，以至于形成"人人有责，即人人无责""多部门齐抓共管，即无部门管理"的混乱局面（张丽萍、徐清源，2019；熊正贤，2019）。

（二）竞相下发通知，缺乏统一标准

2016 年以来，先后由国家中医药管理局、国家旅游局、国家林业局、国家农业部、国家工业和信息化部、财政部、国家发展和改革委员会、住房和城乡建设部八大部委局发文，推动特色小（城）镇培育建设发展。国家中医药管理局发布《中医药发展战略规划纲要》和《中医药健康服务发展规划》等，提出打造一批特色鲜明、优势明显的中医药文化小镇。国家旅游局在《"十三五"旅游业发展规划》中提出，建设一批旅游风情小镇、森林小镇、低空旅游特色小镇。国家林业局依据申请批准第一批森林休闲特色小镇。国家农业部在《关于进一步促进农产品加工业发展的意见》中提出，加快建设一批农产品加工特色小镇，在 2020 年前建成 100 个农业特色互联网小镇。国家工业和信息化部在落实《中国制造 2025》以及《关于推进工业文化发展的指导意见》等文件中提出：结合区域优势和地方特色，打造一批工业创意园区和工业文化特色小镇。截至 2016 年 12 月，住房和城乡建设部已连续公布了四批美丽宜居小镇示范名单。2016 年住房和城乡建设部、国家发展和改革委员会、财政部联合下发《关于开展特色小镇培育工作的通知》，国家林业局下发《国家林业局办公室关于开展森林特色小镇建设试点工作的通知》。各部委局竞相下发通知，批准公布特色小镇培育建设发展名单，但并没有形成统一的评价标准，导致特色小（城）镇培育建设发展参差不齐，甚至"泛滥成灾"，误导地方政府的决策发展，造成国家财政资源以及地方政府资源的巨大浪费（熊正贤，2019）。

（三）政策共性有余，地方个性不足

国家八部委局以及相关银行下发的财税政策、金融政策、人口流动政策、土地政策等更多侧重于宏观指导、"贯彻"落实，"个性"特色以及"创新"内容较少，导致政策"共性"有余，而具有地方个性特色的政策不足。我国地域辽阔，无论是自然环境条件，还是社会历史文化因素，千差万别，存在着明显的地域差异和地方差异。从地形地貌条件来说，既有平原、丘陵、山地、高原和盆地五种基本的地貌形态，而且其内部又存在着很大差异。例如，山地又分为 5 000 米以上的极高山、3 500～5 000 米的高山、1 000～3 500 米的中山以及 500～1 000 米的低山等类型。再者是各地方的地貌类型构成比例又是千差万别。从社会历史文化条件来看，各民族、各地区的经济社会发展历史、经济发展水平也是存在着很大差异。仅从民族来看，我国有 56 个民族，而且各地方的民族构成也是千差万别，致使其历史文化绚丽多彩。而现有特色小（城）镇培育建设发展的支持政策没有区分这些差异，共性有余，个性不足，致使特色小（城）镇的"特色"无法显现或显现不足，将会严重影响其培育建设发展进程。

（四）特色定位失准，主导产业模糊

地方政府政策的地方个性不足，致使特色小（城）镇的自身定位无法彰显其资源禀赋优势，造成真正的特色不特，特色产业以及特色产品或服务的市场定位不准确，继而无法满足经济社会发展水平提高以后人们日益多样化的高端的个性化的市场需求。这种市场供给定位不准确、发展主线不明确、主导产业选择不清晰的特色小（城）镇发展思路，无法平衡地方特色优势资源价值和植入产业发展之间的关系，重"形"轻"魂"，形成市场同质化，存在"千镇一面"现象，最终造成特色小（城）镇特色产业发展支撑力度差，健康可持续发展后劲严重不足等问题。

（五）整体规划滞后，实施前景欠佳

由于特色定位失准、特色主导产业模糊等问题的存在，特色小（城）镇的规划设计方案粗糙，规划元素生搬硬套，炒作新概念、新理念乃至地产项目，对人口规模、建设用地规模、环境综合整治以及产业布局缺乏统筹谋划，规划实施前景堪忧（信桂新、熊正贤，2019）。

（六）资源整合不畅，功能叠加不足

在小（城）镇特色产业项目谋划上，缺乏上游、中游、下游产业的有效衔接，乃至旁侧产业的各种配套，产业发展不成系统，无法形成各产业之间的有效联动，对产业的特色性、排他性、可持续性以及产业链的完整性估计不足，无法发挥应有的集聚优势，出现规模不经济，导致运输、研发等生产成本居高不下，生产效率无法提升，特色优势无从谈起，功能叠加优势无法体现，难以做大做强特色主导特色产业（集群），特色产业带动效应、产镇融合发展大打折扣。

（七）运营模式落后，人才"留""引"困难

由于对特色小（城）镇规划设计过程中的关系理解不清、资源整合不畅，继而导致特色小（城）镇运营过程中缺乏系统的思维去统筹资源、产业、旅游、商业、酒店、团队、配套等各类发展要素，甚至出现特色小（城）镇的发展定位、规划设计、功能叠加、产业业态以及人才需求之间相互掣肘，难以有效运转，难以留住人才，引进人才就更加困难。

（八）投融资渠道少，整体开发不佳

由于受少数特色小（城）镇的基础设施不配套、政策支持不落实以及广告宣传不真实等负面因素影响，导致其投融资渠道较少，相关项目无法落地，继而严重影响了特色小（城）镇的整体开发进度，致使小（城）镇培育建设的整体效果出现重大误差，乃至出现"鬼镇""烂尾镇"等问题。

（九）市场主导不强，政府"大包大揽"

一些地方政府在特色小（城）镇培育建设发展过程中，仍然延续计划经济时期的固化思维，急于求成，急于依靠政府部门打造"政绩小镇"，大包大揽现象比较普遍，追求短期利益和表面形象变化，盲目跟风，不计成本，严重背离了"市场主导，政府引导，企业主体"的特色小（城）镇

培育建设发展运行机制，市场机制的优势无法得以体现，市场主导作用不强，和浙江模式的特色小镇差别较大，当然特色小（城）镇的培育建设质效也大打折扣。

（十）房地产化倾向，"摊大饼"式发展

一些地方特色小（城）镇的快速发展，很大程度上是被房地产商"绑架"。于是，各地借助发展特色产业旗号，到城市周边小镇拿地搞开发，建设康养小镇、体育小镇、文旅小镇等，结果房子建了一大片，产业却引不来，反而加大了房地产库存，加剧了政府债务风险。没有特色产业支撑的小（城）镇，聚不起人气，造出的新镇可能就会变成"空镇""鬼镇"。

（十一）政府观念待转变，扶持力度欠缺

在我国特色小（城）镇的培育建设发展过程中，时刻考验着各级政府、尤其是镇政府的执政能力及其对新生事物的应对能力，必须及时改变计划经济时期的固化思维模式，及时转变到市场经济条件下的供给侧结构性改革思维方式，顺应社会市场需求发展变化趋势，培育发展具有小（城）镇禀赋资源优势的特色主导产业（集群）；与此同时，还要加大政府的扶持力度，做好特色小（城）镇培育建设发展的相关配套服务工作。

（十二）基础设施待完善，宣传力度不足

由于小（城）镇的原有基础设施落后，无法适应经济社会发展需要，尤其是无法满足经济社会发展水平提高以后，人们对休闲、舒适、生态、有机、高端的旅游产品以及其他高档商品的需求。因此，基础设施的配套完善是未来特色小（城）镇培育建设发展过程中必须重视的问题。同时，还要改变"酒香不怕巷子深"的固化思维，进一步加大特色小（城）镇培育建设发展的宣传力度，以适应市场经济发展需要。

第四章

特色小（城）镇培育建设发展经验借鉴

他山之石可以攻玉，主要对日本、德国、英国、美国等西方发达国家及相关地区特色小（城）镇培育发展的成功经验进行比较借鉴，以便于更好地指导我国特色小（城）镇的建设发展。

一、日本特色小（城）镇培育建设发展经验借鉴

（一）日本小（城）镇建设模式——文化主导型

文化作为特色小（城）镇培育建设的灵魂，是一种重要的精神支撑力量，能够有效地激发人们干事创业的激情，把这种文化精髓与文化理念融入特色小（城）镇的培育建设发展中，将形成特色小（城）镇的无限生命力、创新力和凝聚力，推动着特色小（城）镇的全面健康发展。例如，日本文化信仰浓厚，在其历史发展过程中，"刀"与"菊"的文化精神得以良好传承和发扬光大。在这种独特的社会文化背景下，具有"日本三景"之称的宫岛顺其自然地就成为了日本国民心目中的神岛。这种独特的社会文化已经成为宫岛特色小（城）镇经久不衰的动力，并已发展成为闻名世界的神岛。

（二）日本小（城）镇建设经验启示

在日本小（城）镇的培育建设发展过程中，特别注重地方禀赋特色资源的运用，有特色资源的予以充分利用，资源平庸的放大资源利用效应，没有资源的无中生有进行利用。

日本白川乡合掌村主要依托双手合掌形的古房屋建筑这种特有的旅游资源，充分挖掘其文化内涵，将其一部分改造成博物馆群，模仿成日本古代农村的模样，另一部分则改造成民宿。合掌村的历史文化旅游资源不仅重现了江户时代的社会文化精髓，同时还让游客参与其中，亲身体验原汁原味的乡村生活。

德岛县上胜町是日本发展最边缘的地带，历史上属于发配囚犯的蛮荒地，现在成为垃圾分类最严格的小（城）镇，也就是超级环保小镇。上胜町的发展起始于横石知二专门成立的一个卖上胜町枫叶的小公司，以服务于寿司店的需要；与此同时，横石还改造了小镇的面貌，在周边山坡上种植了五颜六色的树种，四季景致不同，吸引游客旅游。从上胜町迁出的人们也陆续返回，同时还吸引了更多的城市人到此定居，小（城）镇发展活力得以显现。

静冈县小山町是一个资源最贫乏的小镇，充分利用"金太郎"无中生有地创造出一个特色小（城）镇，并得到日本中央文化厅的认证（马红丽，2017）。

二、德国特色小（城）镇培育建设发展经验借鉴

德国将5 000人以上的自治行政单元定义为城市，全德国共有3 223个城市和1 355个乡镇。德国学者Gatzweiler根据人口规模、中心地指标等将中小城镇分为大中型城镇（人口5～10万人，区域中心地）、中小型城镇（人口5万人以下，区域中心地）、小型城镇（具备城镇政府机关，属下一级别的中心地）；根据中小城镇的地理区位及周边城镇分布划分为：位于大城市周边或其功能区边缘的中小城镇、处在城镇网络集群节点的中小城镇、孤点的小城镇等三种类型。

德国采取联邦政府、州政府、地方政府三级紧密配套的自上而下和自下而上相结合的规划联动体制（见图4-1），城市地区（市/非市县）及乡村地区规划处于城镇空间规划体系中社区空间规划层次，各级空间规划编制都遵循上一级规划，都具有相应的法律支持，各空间规划体系分工明确，脉络清晰。德国已形成相对均衡的城镇结构，百万级人口以上的大城

市只有 4 个，居住约 30% 的人口，中小城市居住约 70% 的居民，都能够享受到相同的医疗、教育等公共资源与社会保障服务。德国小（城）镇在整个城镇体系空间发展中具有至关重要的作用。

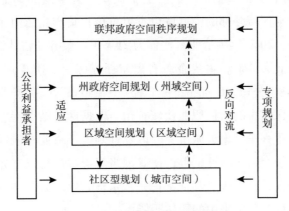

图 4 - 1　德国城镇空间规划体系

　　资料来源：张洁，郭小锋. 德国特色小城镇多样化发展模式初探——以 Neu - Isenburg、Herdecke、Berlingen 为例 ［J］. 小城镇建设，2016（6）：97 - 101.

（一）德国特色小（城）镇发展模式

1. 大都市依托型小城镇

　　新伊森堡位于法兰克福—莱茵—美茵大都市区域，属二级城市中心地，有多条高速公路和城铁路线与法兰克福以及其他城市连接。该城市充分发挥靠近大城市的特色优势，在城镇西部的产业园区重点发展物流及高新技术产业，尤其是软件、通信、生物制药等高新技术产业，并吸引来自世界其他地区的公司在此成立新公司或分公司；同时对城镇内部进行更新改造，完善公共基础设施，改善居住条件，使城镇各方面得到协同发展。2015 年总人口达到 37 430 人，有社会保险就业岗位 24 156 个，其中的服务业就业岗位占到 83.6%。[①]

---

　　① 张洁，郭小锋. 德国特色小城镇多样化发展模式初探——以 Neu - Isenburg、Herdecke、berlingen 为例 ［J］. 小城镇建设，2016（6）：97 - 101.

2. 网络结点型小城镇

黑尔德克地处德国莱茵—鲁尔大都市区域的边缘地带，2014 年人口 22 541 人，与周边的波鸿、哈根、多特蒙德等其他 8 个人口规模在 1 万 ~ 10 万城市组成中小城市集群，经济上不仅要与区域内的其他城市协同发展，同时还要与区域外部的中型城市有效对接，其产业结构逐步由制造业向服务业升级，2010 年制造业占比仅为 21.6%，服务业占比高达 78.3%，农林畜牧业占比 0.1%。主要企业有黑尔德克医院、Dr. Poelmann 制药公司、Doerken 染色公司、Idealspaten 园艺工具制造商等。服务业的提升使黑尔德克在整个区域中的居住职能比较突出。依据网络结点特色优势，黑尔德克相继进行了火车站附近城市更新改建计划、零售业专项规划、可持续交通规划，以及交通噪声评估等，使其网络集群特色得以充分发挥，市民生活质量得以提升，以吸引其他莱茵—鲁尔核心区的居民到此居住，进一步发挥其鲁尔城市群网络中的居住职能。

3. 孤点分布生态型小城镇

比贝尔林根地处德国南部与瑞士交界的边境地区，紧邻博登湖，2014 年人口 22 224 人，是博登湖郡行政中心所在地，Bodensee – Oberschwaben 区域空间体系的二级中心，地理位置偏远，生态敏感，属于孤点分布的生态型特色小（城）镇。比贝尔林根充分利用其独特的地理位置以及依靠博登湖的温泉优势，采取生态型可持续发展战略，重点发展理疗以及慢文化等生态休闲旅游为主导的特色产业，由理疗和旅游公司（Kurund Touristik überlingen GmbH）对外宣传，以此吸引更多的游客来此体验城镇"慢"生活和生态休闲观光，已成为德国第四个被认证为 Cittaslow 的城镇。增加生态型土地利用项目，对森林等其他自然资源进行重点保护。城市建设方面鼓励市民参与绿色屋顶建设，停车场和公共广场表面推行不密闭表面，以落实生态可持续型土地利用措施，在保护自然资源环境的同时推动城镇经济健康发展（张洁、郭小锋，2016）。

（二）德国特色小（城）镇建设经验启示

1. 因地制宜，突出自身资源禀赋特色

因各类小（城）镇的地理位置差异、经济发展水平不同以及自身资源

禀赋特色的区别，其发展方向各不相同。大都市依托型小（城）镇主要依托中心城市、大都市区的优势，根据专业化分工，通过某一特色产业的发展来带动小（城）镇的经济发展，并通过城镇内部公共基础设施更新改造，使城镇各方面均衡协调发展。网络结点型小（城）镇则根据其职能分工的不同，广泛吸纳公众意见，参与制定出多个专项规划方案，通过比较，最终选择品质优先的发展理念，使其相关特色产业职能发挥到极致。孤点分布生态型小（城）镇则坚持绿色生态可持续发展的理念，通过培育生态休闲观光等特色旅游产业的发展，来促进小（城）镇经济社会环境健康协调发展。

2. 企业的积极主动参与，成为小（城）镇建设发展的主体

德国的很多企业偏爱小（城）镇，很多知名企业都建立在远离市区的小（城）镇，看似有着劳动力有限等弊端，但实际上对企业最大的好处就是人员流动率很低，雇员很稳定，有了稳定、务实、严谨、低调的雇员的支持，企业发展前景可期。与此同时，企业通常是当地政府最大的纳税人，政府和居民都很关心"纳税人"的需求，多数居民都是企业员工；企业也积极回报、承担社会责任，为公共服务等设施建设提供赞助。小（城）镇还具有生态环境优美、干扰少，有利于企业雇员专心致志创造高品质产品。特色小（城）镇和企业之间、雇员和雇主之间相互依存，有机地融为一体。

3. 市民、其他非政府组织的参与，更加有利于小（城）镇的组织管理

除了发挥政府、企业的作用之外，还要进一步调动市民以及非政府组织在小（城）镇培育建设发展过程中的积极性。例如，在小（城）镇的更新改造过程中，要积极吸纳市民意愿，使其改造更为合理，更加有利于居民的生产生活，最终实现小（城）镇的多元化发展。同时，小（城）镇的培育建设发展还应跳出小（城）镇的功能地域范畴，应与周围地区以及跨越行政区划边界的其他地区之间统筹谋划，协同发展，形成区域共同体。最后是德国建立了各级政府紧密配合的城镇体系建设管理机制（张洁、郭小锋，2016；张国辉，2017）。

三、英国特色小（城）镇培育建设发展经验借鉴

（一）体现乡村地区特色的小（城）镇——"田园城市"

霍华德针对当时英国所面临的"大城市病"等问题，提出了"田园城市"概念，主张"田园城市"建设要树立城乡融合理念，要把独特的产业作为"田园城市"规划建设发展的永续动力。"田园城市"理论为特色小（城）镇的培育建设发展提供了主要的理论支撑（徐世雨，2019）。

英国多数小（城）镇都是在原来的集贸市场的基础上发展而来，具有深邃的历史文化内涵，与乡村有着千丝万缕的联系，其功能通常是作为服务中心枢纽而存在，并逐渐多样化，政府则强调小（城）镇生产、生活、生态的协调发展与可持续发展。小（城）镇的公共服务等方面与城市基本上没有差别，同时也没有被城市所同化，仍然保存着当地淳朴的传统文化特色。在区域竞争中，小（城）镇的公共服务设施水平和服务品质得以提升，以发展商业服务与特色产业，促进小（城）镇发展和功能增强，吸引有实力的零售商业企业落户，继而强化了服务中心枢纽，吸引更多的城乡居民和游客，使旅游者体验着"不同于城市"的小（城）镇历史文化、缓慢的生活节奏，参观着宁静的生态环境、完好的公园或自然风光，品尝着各种各样的当地美食，顺便购买了大量的生态有机农产品，消除了城市紧张的工作节奏与疲劳（于立，2013）。

大城市近郊的小（城）镇往往发展成为依附于主城的卧城。偏远地区的小（城）镇则发展成为人们的主要居住地，并为腹地乡村提供服务供给。旅游景区附近的小（城）镇则成为旅客服务中心。制造业或其他开发区附近的小（城）镇，主要为其邻近的就业人员提供服务（于立，2013）。

（二）小（城）镇发展政策

英国是世界上最早进入工业化的国家，也是深受"大城市病"影响的国家，对"田园生活"的向往可想而知，但小（城）镇的发展也遭受到经济重组、人口变化等诸多方面的压力。为此，政府在制定城乡发展政策

时，重视对乡村以及小（城）镇自然环境的保护，重视对本地特色历史文化以及具有休憩价值地区的保护；对具有历史意义或建筑价值的建筑，尽可能通过修缮，提升它们的质量，以充分体现本地特色。将新开发项目的选址安置在就业岗位和住宅（包括廉租房）、服务业和其他公共设施集中的当地中心地区，并在"地方规划文件"中明确标注，这种"嵌入式发展"不会造成公共空间的丧失，而且还可以通过规划设计以及密度控制，提升当地空间环境品质。注重对现有建筑的再利用，以充分发挥其使用功能、经济商业效益功能；拆除现有建筑必须经过严格规划许可才能获得批准。对现有建筑的扩建，必须满足确实需要、不对周边地区视觉景观造成破坏性影响、扩建部分在规模和设计上与现有建筑相协调。

例如，英国的斯特拉福德，这个人口仅 3 万多的小镇，位于埃文河畔，是威廉·莎士比亚的出生地。该镇的发展主打"莎翁故里"文化，每年要接待来自世界各地多达 50 余万人的游客。在大力开发旅游的同时，保留了小镇的宁静和历史厚重感；通过开展"莎士比亚诞辰庆典"等系列活动，以满足"粉丝"需求，同时也强化了游客的文化认同感和归属感（谯薇、王葭露，2019）。

（三）小（城）镇建设经验启示

1. 注重文化保护

英国城镇化水平已高达 95% 以上，很多地方城市和乡村已融为一体。英格兰白金汉郡的米尔顿·凯恩斯（Milton Keynes）（以下简称米镇），没有历史文化积淀，人们只愿意到米镇工作，而不是在米镇生活。英国人更喜欢居住于像库姆堡这样的具有历史厚重感的小（城）镇，仍然保留着几百年前创建以来的模样，以表现英国的"高贵"和"永恒"。小（城）镇的培育建设发展要遵循"零能源发展设计理念"，特别注重与其周边的自然生态环境相协调；对古建筑等物质文化遗产实行成片保护，达到"修旧如旧"的效果；具有 50 年以上的历史建筑一般不允许再拆除。

2. 注重品质提升

英国的小（城）镇培育建设发展经验表明，提高小（城）镇建设发展品质，实现了包括文化教育、医疗卫生、社区服务等基础设施的配套建设质量与大城市基本上没有差别，能够获得与大城市具有同等质量的各种服务，小（城）镇才有可能吸引人们去居住生活，才能发挥链接城市与乡村之间的桥梁作用以及承上启下的功能。

3. 注重特色培育

在小（城）镇的培育建设发展过程中，通过交通信息等基础设施网络建设，连接乡村与都市化地区，使其公共服务设施逐步实现均等化，以此引导生产生活向小（城）镇集聚，充分挖掘小（城）镇禀赋资源优势，培育发展相应的特色经济及相关产业，继而发展成为生产—生活—生态有效融合的"枢纽"。因为小（城）镇的资源禀赋优势各不相同，其功能也是各具特色。

4. 注重可持续发展

英国在小（城）镇的培育建设发展过程中，通过文化保护、品质提升、特色培育，与其周边的自然生态环境交相辉映、协调发展，遵循的"零能源发展设计理念"使能耗降至最低，从而推动低碳循环经济、低碳社会的不断发展，最终形成了可持续发展的生产和消费空间（于立，2013；马红丽，2017；谯薇、王葭露，2019）。

四、美国特色小（城）镇培育建设发展经验借鉴

（一）美国小（城）镇建设模式——精简集约型

美国格林威治特色小镇的培育建设发展重点强调"小"的特质，通过资源要素重组打造"精"与"集"的特色效果，以解决空间狭隘问题，形成精简集约型特色。格林威治小镇面积仅有174平方公里，却集聚了500多家对冲基金，解决了如何利用小空间来发展"优质产业"的问题，实现了"小空间、大发展"的梦想，取得了聚集效应方面的瞩目成就，充分反映了规划管理的重要作用（崔彩贤、闫阁，2019）。

（二）美国小（城）镇建设经验启示

美国城镇化水平已经达到85%，基本实现城乡一体化。美国举世认可

的特色小（城）镇——"硅谷"，已成为美国的高科技之都。160 多年前，"硅谷"还是一个小村子，后来依托斯坦福大学、加州大学伯克利分校等一些世界顶尖大学的雄厚科研力量，在高新技术中小公司群的基础上，慢慢聚集了谷歌、Facebook 等大公司，最终形成集科学、技术、生产于一体的"硅谷"。小镇人口自规划建设之初到现在很少改变，只有 29 000 多人；每一幢房子都是之前规划好的，商住两用，不能随意变更用途，居民区里没有商店。由此可以看出，美国小（城）镇的规划建设发展非常注重"以人为本"，尽可能满足人们的生活需要；尊重和发扬当地的生活传统；塑造城镇不同的特点和培育有个性的城镇（马红丽，2017；崔彩贤、闫阁，2019）。

五、其他发达国家特色小（城）镇培育建设发展经验借鉴

（一）发展模式

1. 意大利的历史文化传承模式

注重融入文化元素，凸显小（城）镇历史底蕴，培育特色产业，形成良好的历史品牌效应。例如，全球知名的意大利威尼斯穆拉诺玻璃之城，就是一个具有几百年玻璃历史文化积淀的小镇，在其培育建设发展过程中有目的地保留了这一玻璃历史文化传统。

2. 瑞士的因地制宜模式

因地制宜模式，顾名思义，也就是在特色小（城）镇的培育建设发展过程中，尊重地方特色，借助其资源禀赋优势，发展特色产业，形成小（城）镇有特色的经济社会环境可持续发展的格局。瑞士的达沃斯小镇位于阿尔卑斯山区，空气清新，环境优美。因其气候严寒，达沃斯小镇逐步发展成为阿尔卑斯山区最大的疗养、旅游胜地和体育、会议中心。因地制宜模式非常讲究小（城）镇自身资源禀赋优势的充分利用，并非随意地、盲目地复制他人模式，而是通过培育建设发展过程中对其自身禀赋优势资源的充分挖掘，打造具有小（城）镇自身特色的产品品牌。

3. 法国的产业融合发展模式

生态旅游型是指在特色小（城）镇的培育建设发展过程中，根据其得

天独厚的旅游资源优势，将生态旅游作为小（城）镇未来发展战略，以生态为宗旨打造小（城）镇生态旅游发展模式。例如，法国的普罗旺斯小镇，尤其是随着经济社会发展水平的提高，旅游者对生态环境的要求越来越高，因此，在普罗旺斯后期的建设发展过程中，将生态概念与旅游资源开发以及旅游产业的健康可持续发展有机地结合在一起，继而形成"薰衣草的故乡""法国农场"等。

产业融合型是以某一主导产业为依托，通过发展上下游产业、旁侧产业等拉长产业链条，形成相关产业有效融合的"块状经济"（产业集群）。例如，位于法国南部阿尔卑斯山与地中海之间的格拉斯小镇，有香水之都之美誉，就是依托香水制造逐渐发展壮大而来，现拥有弗拉戈纳、香奈儿等 40 余家全球知名香水加工厂，生产法国 80% 的香水，并逐步拓展到香水旅游、花田高端度假等。产业融合发展的经验包括：产业发展高度专业化和集聚化；第一产业、第二产业、第三次产业高度融合；注重打造原产地品牌形象（邹佳伦，2019）。

（二）经验借鉴

1. 政府引导是特色小（城）镇培育建设发展的前提

在特色小（城）镇的规划设计建设发展过程中，政府通过制定相关法律法规制度进行引导，以便于充分发挥市场的主导作用和企业的主体作用，尽可能地调动社会其他治理主体以及广大民众的积极参与，以便于形成整体合力，推动特色小（城）镇健康发展（邹佳伦，2019）。

2. 市场需求是特色小（城）镇培育建设发展的关键

需求收入弹性系数以及马斯洛的需求层次理论告诉我们，随着经济社会发展水平的不断提高，尤其是在工业化的中后期阶段，人们的收入大幅度增加，对良好的生态环境以及休闲旅游度假等弹性系数较大的产品的需求也将大幅度增加。此时的生态旅游模式、循环经济模式有利于实现经济效益、社会效益、生态环境效益的综合提升，尤其是人们对良好的生态环境的急切需求；历史文化传承模式是为了满足经济社会发展水平提高以后人们对精神文化的追求信仰，唤醒人们的历史记忆（乡愁等），改善人们的精神面貌，提升人们的精气神，增强文化凝聚力；因地制宜模式是特色小（城）镇培育建设发展过程中的根本，只有因地制宜，才能扬长避短或扬长补短，有效提升特色小（城）镇的竞争力。

3. 特色产业支撑是特色小（城）镇培育建设发展的基础

特色小（城）镇培育建设发展的基础就是特色产业的培育发展。特色产业是特色小（城）镇培育发展的生命力，只要有特色，只要能够做到"人无我有，人有我优"，才能不断提升小（城）镇的竞争力。特色产业发展有利于解决小（城）镇的经济、就业、生活质量等方面的问题，不断提升了小（城）镇的文化内涵，优化了小（城）镇的生态环境，同时也吸引着人才、资金、科技等高端生产要素向小（城）镇集聚，以便于推动小（城）镇向更高质量发展。

4. 因地制宜是特色小（城）镇培育建设发展的本质

特色小（城）镇的培育建设发展受制于资源禀赋、历史文化、经济基础、自然环境、人文地理等诸多因素，特色小（城）镇培育建设发展原始条件千差万别，因地制宜地培育建设发展特色小（城）镇，才能真正体现"特"之所在，从而避免重蹈"千镇一面"的覆辙，继而增加特色小（城）镇培育建设发展成功的筹码。只有坚持因地制宜原则，才能充分挖掘小城镇乃至区域的"特""新""奇"的品质，才能使特色小（城）镇的培育建设发展立于不败之地（邹佳伦，2019）。

5. 以人为本是特色小（城）镇培育建设发展的核心

特色小（城）镇的培育建设发展不仅发挥了促进城乡互动、融合、一体化发展的桥梁纽带作用，而且还可以有效地解决"大城市病"、农村的"空心化"等问题，为人们提供更加舒适的居住以及休闲度假环境，最大程度地满足城市化进入成熟时期、人们的收入大幅度提高以后的社会需求，所以特色小（城）镇培育建设发展的真正目的就是惠及民生、满足社会需要。这就要求在特色小（城）镇培育建设发展过程中必须坚持以人为核心，传承历史文化，统筹空间规划，保护生态环境，提升完善公共服务设施和基础设施，为人民群众提供优美便捷的生产生活环境。发达国家以及发达地区特色小（城）镇培育建设发展的实践过程也已经告诉我们，必须重视人本理念，小（城）镇的空间布局、主导产业选择都必须以人文关怀为核心，才能吸引庞大的群体留在小（城）镇、来到小（城）镇，愿意为特色小（城）镇的培育建设发展贡献自身力量。

六、国内发达地区特色小（城）镇培育建设发展经验借鉴

（一）龙坞实践

1. 龙坞模式

龙坞镇，又名龙坞茶镇、龙坞小镇，常住人口 5.5 万人，流动人口 4.4 万人，下辖 24 个社区、18 个行政村，总面积 24.7 平方公里。[①]

龙坞茶镇地处杭州市西南侧 15 公里，毗邻之江国家旅游度假村，三面环山，风景秀美，名胜古迹众多，也是最大的"西湖龙井茶产地保护区"。改革开放以后，由于实施单门独户分散经营，难以扩大茶产业规模，为此于 2007 年杭州市西湖区成立了首家茶叶专业合作社——徐德茶叶专业合作社，这是供销社与农民结成利益共同体的合作经济组织。徐德茶叶专业合作社的成立，为茶叶的扩大生产规模以及多元化经营创造了条件。龙坞茶镇西湖龙井产量已经占西湖龙井茶叶总产量的 80% 以上，有着"万担茶乡"的美誉。目前，龙坞茶镇已经形成以龙井茶产业为特色主导产业，以悠久厚重的茶叶文化为依托，积极探索并培育包括乡村旅游、文化创意、运动休闲、养生健身等在内的茶文化特色产业集群（郭蓉、郭秀琴、黄子玉，2014；吴一凡，2018）。

2. 经验借鉴

（1）切合实际的规划引导与政策支持。编制规划，统筹安排龙坞镇资源配置，形成以"特色茶产业 +"为引领，集乡村旅游与民俗体验、文创产业及文化商业、运动休闲产业、养生健身产业于一体的特色产业集群。浙江省、杭州市、西湖区、转塘街道四级政府在土地保障、财政收入、人才扶持等多个方面予以政策支持，形成相应的保障机制，有序推进龙坞特

[①] 郭蓉，郭秀琴，黄子玉，等. 春日龙坞，唱一支乡村牧歌 [J]. 风景名胜，2014（5）：46－48.

色小镇的培育建设发展（吴一凡，2018）。

（2）创新完善市场化体制机制。转变传统的行政化固化思维，充分发挥政府的引导与保障作用；充分发挥企业在特色小镇培育建设发展过程中的主体地位；深化审批制度改革，降低商事主体市场准入门槛，强化行政服务中心窗口建设，设立市场监管服务室，放宽监管服务审批权限；采用PPP投融资模式；等等。

（3）强化凸显各种各样的特色元素。突出提升拉长特色茶产业链条，培育新的经济增长点。突出资源特色，开发乡村体验、生态康体休闲等多项旅游新项目，形成专题度假游精品旅游线路。突出文化特色，形成集茶叶生产销售研发、茶叶品尝、茶艺观赏、茶园民俗等于一体的茶文化特色产业集群，构建茶文化经济新业态（吴一凡，2018）。

（二）中塘探索

1. 中塘现状

中塘镇位于天津滨海新区，紧邻大港新城，镇域面积89平方公里，常住人口7.2万人，户籍人口5.5万人。近年来大力发展现代工业、农业，2016年国内生产总值553 000万元，社会固定资产投资53 397万元，人均年收入36 520元，农民人均年收入23 319元，城市化水平较高，为"产、城、人、文"特色小（城）镇培育建设发展打下了坚实的基础。[①]

2. 中塘借鉴

作为首批入选国家级特色小（城）镇的中塘，在培育建设发展方面积累了一定经验，可供借鉴：依托资源禀赋特色优势，将镇域划分为重工业区、畜牧业区以及旅游业区三个发展模块，形成不同的特色产业方向；充分发挥政府在特色小（城）镇培育建设发展过程中的引导作用，搭建平台，营造良好的市场环境，继而促进市场作用的更好发挥；夯实技术改造、实验室建设等产业发展基础，使产、学、研有机结合，推进传统农业、工业转型升级；打造宜居宜游环境，注重美丽社区营造。

[①]　资料来源：第一批中国特色小镇——天津市滨海新区中塘镇［DB/OL］. http：//sports. china. com. cn/tiyuxiaozhen/xiaozhenbaike/tianjin/detail2_2017_08/14/869461. html.

（三）浙江经验

浙江特色小（城）镇培育建设发展走在全国前列，有其独特的历史人文环境以及雄厚的经济实力，同时也积累了值得推广的宝贵经验。

1. 锐意改革创新，优化制度环境

浙江省各级政府不断深化改革，打破小（城）镇的行政区划限制，优化制度环境，将特色小镇定位于融合文化、旅游、社区功能的创新创业发展平台，聚焦特色产业，突出小（城）镇的功能地域。这项制度创新为健全小（城）镇经济指标、生活指标等评估体系创造了良好的条件，有利于发挥政府引导、市场主导、企业主体的作用机制，通过政府的缜密谋划，创新制度环境，以充分调动市场主体的发展活力，促进特色小（城）镇健康发展。

2. 坚守生态底线，打造宜业、宜居、宜游环境

在特色小（城）镇培育建设发展过程中，强调产业、文化、旅游、社区以及生态功能的叠加，强调产、城、人的有机融合，尤其是人文关怀，要竭力避免房地产化倾向与高强度开发。因此，特色小（城）镇的建设要统筹生产、生活、生态等"三生"布局，坚守生态底线，提高生活宜居性，形成宜业、宜居、宜游的美丽家园。

3. 聚集生产要素，培育特色产业

特色小（城）镇要依托其资源禀赋优势，吸引聚集高端生产要素，拉长特色产业链条，形成特色产业集群，为城镇化提质增效提供根本动力。特色产业集群是特色小（城）镇培育建设发展的根基，要从单纯引进企业、引进项目向形成特色主导产业、特色产业集群、做大做强特色产业集群转变，要把有限的生产要素集中于特色主导优势企业，引导特色小（城）镇经济健康发展（张环宙、吴茂英、沈旭炜，2018）。

4. 完善公共服务，实现资源共享

特色小（城）镇的培育建设发展，要强调文化、社区、生态功能与产业功能的协同推进。小（城）镇在培育特色主导产业发展的同时，还要注重特色文化氛围的营造，以及内部公共服务设施的建设完善，形成开放性公共服务空间体系，形成经典特色产业、时尚、健康的具有泛旅游性质的小（城）镇生活圈，实现主客资源共享与公共服务设施共享（盛世豪、张伟明，2016；厉华笑、杨飞、裘国平；冯奎、黄曦颖，2016；金永亮，2016；卫龙宝、史新杰，2016；张环宙、吴茂英、沈旭炜，2018）。

第五章

特色小（城）镇培育建设发展机制创新

特色小（城）镇的培育建设发展是推进地方经济社会转型升级以及实施新型城镇化战略、乡村振兴战略的重要抓手，既激发了新的经济发展活力，又带动了传统产业转型升级，在促进历史文化传承保护、城乡要素资源高效配置等方面具有积极作用。因此，特色小（城）镇的培育建设发展是践行中国特色社会主义思想的新平台，既需要思想观念更新、文化遗产挖掘、特色产业培育，也需要创新治理体制、健全市场机制等，更需要各影响因子之间的耦合驱动创新，最终才能实现特色小（城）镇的健康可持续发展。

一、思想观念更新

社会演进包括社会进步、城市文明演进、农民意识形态的转变以及城乡居民生活方式的变迁等多方面的发展要素，这些因素之间相互作用、相互制约、共同发展最终促成了特色小（城）镇居民的思想观念更新，促进了特色小（城）镇的培育建设发展。

人类从自然山林空间走向集聚空间，从没有忘记对绿色生存环境的追求。古代的儒家和道家，都把自己的生命和宇宙融为一体作为最重要的问题加以研究。前者认为凡物皆有其自然本性，顺其自然就可以达到极乐世界；后者强调自然界和人的生命融为一体，"天人合一"长期影响着人们的意识形态和生活方式，造就了文明民族崇尚自然的风尚。

1898 年，英国社会活动家 E. 霍华德（Ebenezer Howard）提出并实践了"田园城市"方案。其后，还出现了雷蒙·卫恩的"卫星城镇"、斯泰因（Clarence Stein）和莱特（Herwy Wright）的"邻里单位"、E. 沙里宁的"有机疏散"理论等一系列城乡生态思想。1987 年，苏联城市生态学家 O. 亚茨基提出了一种高效、和谐的人类栖境，旨在按照生态学原理建立经济、社会、环境协调发展，物质、能量、信息高效利用，生态良性循环的人类栖居地（吕永龙、王一超、苑晶晶，等，2019）。

在经济全球化的今天，特色小（城）镇的培育发展也是以文化论输赢，特色小（城）镇越发展越需要文化和精神的支撑，尤其是先进文化的支撑。经济学家哈根（Hagen）在《社会变动的理论——经济成长是怎样开始的》一书中指出："在经济从停滞状态走向成长的飞跃中，是文化的观念发生了根本的变化。此时，经济的变量仅仅是个参数，或者是个外在条件而已"（刘贵清，2006）。"世上无难事，只要肯登攀"，这也是我国改革开放以来一直强调的"不忘初心""进一步解放思想""改革开放的大门永远不会关闭的，只有越开越大"等。因此，思想观念更新是特色小（城）镇培育建设发展过程中机制创新的重要内容之一，只有以社会市场需求趋势和自身的资源禀赋为依据，分析斟酌确定特色，选择小（城）镇的特色主导产业，形成特色产业（集群），并能够及时转型升级、高端化，才能推动特色小（城）镇的健康发展。否则，仍然以固化的思维看待小（城）镇的资源禀赋、特色定位等，即使能够取得一定的成效，这种成效也是暂时的，不可持续的，最终造成特色小（城）镇的培育建设发展搁浅。

二、治理体制创新

2013 年 11 月，党的十八届三中全会提出了"创新社会治理体制"。所谓社会治理（Social Governance）是指以实现和维护人民群众的权利为核心，充分发挥政府、社会组织、企事业单位、社区以及个人等多元治理主体的作用，针对国家治理中的社会问题，通过协商、合作、对话、沟通等方式，依法对社会事务、社会组织和社会生活进行引导规范，推动社会有序发展，最终实现公共利益最大化的过程。社会治理要更加强调法规制度的健全完善，特别是充分利用法治思维和法治方式化解各种社会矛盾（雷梅、段忠贤，2018；张远红，2018）。

综合诸多学者的研究观点，社会治理有以下三个特点：（1）治理主体多元化。有政府、社会组织以及个人等，尤其是非营利组织、市场化组织以及公民个人的参与。（2）治理手段复合化。主要包括各主体内部的法律手段、市场手段、行政手段、社会动员手段，各主体之间复合式的网络管理系统和制度化的合作机制共同实现对社会的治理。（3）治理社会价值取向。面对多元化的各利益相关者（或集团）的不同利益诉求，社会治理体制创新的目标就是在效率的基础上更多地体现社会公平，使发展成果更多地惠及人民群众。因此，社会治理就是要研究政府、市场、社会三者之间可能出现的冲突与合作方式，及时改革创新当前体制机制中部分瓶颈之间的激烈冲突，及时化解深层次的社会矛盾和问题，避免相关矛盾的延续甚至加剧，避免对社会可持续发展构成严重威胁。强调特色小（城）镇培育建设发展过程中的功能地域就是打破既有利益格局，就是社会治理体制机制的一个全新破题思路（张蔚文、麻玉琦，2018）。

社会治理创新的"试验田"——特色小（城）镇培育建设发展。特色小（城）镇的培育建设发展就是针对小（城）镇功能地域的经济（产业）结构亟待转型升级等问题，打造生产、生活、生态（"三生"）融合发展的新的经济增长点，推动传统产业转型升级。在浙江省的特色小镇培育建设发展过程中就是强调了政府各部门，开发商、运营商、企业等市场主体，就业人员、原住民等社区主体等多元治理主体的共同参与，通过市场主导、政府引导以及社区广泛参与的运营机制，确保特色小（城）镇的培育发展方向与社会市场需求的一致性。社会治理手段取代单一的行政管理手段，不断提升特色小（城）镇的治理能力，以强调整体性社会价值目标。

三、市场机制健全

市场机制（market mechanism）是指资源在市场上通过自由竞争与自由交换的方式来实现配置的机制，这也是价值规律的集中体现。具体来说，就是通过市场上供求关系、价格变化、竞争强弱、风险大小等方面及其之间相互联系、相互作用的机理。因此，市场是创新的试金石，也是特色小（城）镇培育发展的筛选器。特色小（城）镇资源禀赋、特色定位、主导产业选择等方面迎合了社会市场需求发展趋势，特色小（城）镇的培育建设发展就会取得成功的效果，否则将会被市场所淘汰。因此，特色小（城）镇的培育建设发展必须遵循市场规律，突出小（城）镇的特色优势，发展特色产业（集群），深化体制改革，需要各影响因子之间的协调耦合创新。

特色小（城）镇的培育建设发展就是根据自身资源禀赋优势"找市场"，以便于"选苗助长"，遵循市场规律，市场就会根据创业者中有影响力的先行者的召唤力及其选择使一些产业要素在特定的空间集聚。坚持市场主导、企业主体、政府引导的利益相关者的定位。政府在特色小（城）镇培育建设发展过程中避免大包大揽，要"引导"，不要"主导"，做好服务工作，强化服务支持，做好基础设施配套建设工作，出台相关政策引导特色产业（集群）的培育发展，优化特色小（城）镇的发展环境，更好地发挥好政府引导作用。遵循市场规律，注重机制创新，坚持企业主体定位，鼓励有实力的社会资本、相关企业广泛参与到小（城）镇的培育建设发展过程中，形成"政府方＋投资方＋企业方"三方联合运作模式。

四、技术机制支撑

在特色小（城）镇培育建设发展过程中，相应的技术支撑起着关键作用。特色产业的培育发展、转型升级、逐步高端化、名优品牌创立等都离不开相应科学技术的创新，尤其是社会市场消费需求进一步提高后的特色化、个性化越来越突出，小（城）镇特色产业产品的研发与更新换代、转型升级就显得越来越重要。与此同时，交通通信等基础设施的健全完善，尤其是互联网技术日新月异的发展，为特色小（城）镇的培育建设发展创造了极为便利的条件。"互联网＋"与人们的生产生活日益密切相连，空间距离对产业布局以及人类生活的影响越来越小，"地球村""智慧特色小（城）镇"相继出现，继而使特色小（城）镇培育建设发展过程中能够与特大城市、超大城市的科学技术优势、人才智力优势等有机地衔接在一起，以促进小（城）镇特色产业（集群）的健康发展；同时，特色小

（城）镇还具有超大城市、特大城市所不具备的优势条件，例如，生态环境优美、生活环境舒适、邻里关系亲密等。建立健全技术机制支撑是特色小（城）镇实现创新驱动发展的关键（成海燕，2018）。

五、创新机制构建

创新也叫"刱新"，也就是创立或创造新的，能够克服现有的固化思维模式，提出有别于常规或常人的思路见解，并能获得一定的经济效益、社会效益和生态环境效益的行为。具体包括：技术、体制、政策、法制、思维等方方面面的创新活动（白史且、马小合、张院萍，2018）。

随着人类社会的进步和经济发展水平的不断提高，创新正成为社会经济活动的核心，也是影响特色小（城）镇培育建设发展的重要因素。创新对特色小（城）镇培育建设发展的影响主要表现为：（1）技术创新在特色小（城）镇培育建设发展过程中的应用，特色产业的培育发展，产业结构的转型升级，产业高端化，生活便捷程度提高，改善生态环境，提高宜居程度，解放思想、更新观念与社会进步，等；（2）创新特色小（城）镇的组织与管理，形成新的治理体制，使特色小（城）镇培育建设过程中的企业、政府、社区等利益相关者之间更加协调，以产生良好的经济—社会—环境—生态效益，以实现特色小（城）镇可持续发展的社会市场需求和长远战略目标相吻合，使特色小（城）镇培育建设发展步入良性循环状态（见图5-1）。

因此，在特色小（城）镇的培育建设过程中，一是要根据其特色优势加强与相关高等院校的合作，充分发挥高等学校在高层次专业人才培养方面的基础性作用，同时还要及时吸引急需的专业人才，使相关专业技术人才以及高级管理人才能够留下来、稳得住，并充分发挥其聪明才智，形成人才高地；二是要围绕特色小（城）镇的主导产业发展，加强与相关科研院所的联系，完善项目、人才、培训、资金以及技术等方面的服务保障，及时建立"双创"平台，打造创业苗圃、产业孵化器、众创空间等载体，强化创新要素集聚，推动特色产业转型升级，促进特色产业高端化；

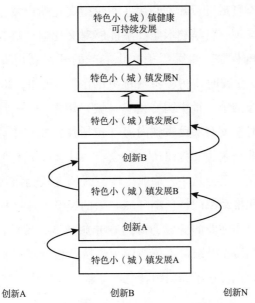

特色小（城）镇发展A → 特色小（城）镇发展B → 特色小（城）镇发展C··· → 特色小（城）镇发展N

图 5 – 1　创新与特色小（城）镇健康发展

资料来源：作者自绘。

三是围绕小（城）镇特色主导产业发展，充分利用相关的国家实验中心、技术转移中心、科研院所等技术资源优势，与相关特色产业企业、衍生企业联合，构建创新产学研协同机制，促进相关科技成果能够及时转化，促进创新要素有效流动（乔海燕，2016；关海丰，2017；顾欣、吴嘉贤、张雪洁，2017）。

六、文化遗产挖掘

文化（culture）是将广泛的知识活学活用与根植内心的修养，是一个非常广泛概念，是相对于政治、经济而言的人类全部精神活动及其活动产品，是人类生活要素形态的统称，包括衣、食、住、行、冠、文、物等。

文化遗产，根据其存在状态可划分为有形文化遗产（物质文化遗产）和无形文化遗产（非物质文化遗产）两类。关于文化遗产挖掘保护和开发利用的问题，一直是学术界争论的一个焦点。一些学者赞成保留历史文化遗产的原真性，不赞成进行开发利用，不希望文化遗产发生任何变化。另一些学者则认为在现有科学技术条件下能够对文化遗产进行开发利用，实际上是为了更好的保护，也可以把文化遗产的开发利用看成推动特色小（城）镇培育建设发展的"另一只看不见的手"。例如，2016 年国家住房和城乡建设部公布的第一批中国特色小（城）镇之一——海南省琼海市潭门镇，早在宋元时期就有渔民来到南海（包括黄岩岛）中讨生活，她的祭海仪式和民间渔业技艺等文化遗产在现今经济社会发展转型条件下已经发生了实质性的变化，已经从一种渔业生产方式演变成为海边休闲观光的一种表演方式，由此推动潭门特色小（城）镇的经济产业结构也发生了实质性变化，已经从海洋渔业演变成为海边观光旅游业，使潭门特色小（城）镇的产业结构得到转型升级，不仅适应了经济社会发展水平提高以后市场需求的变化趋势，也促进了潭门镇特色产业趋向高端化（晋宏逵，2019）。

七、特色产业培育

产业（Industry）的英文内涵具有工业、产业、行业等几种译法，是一个比较模糊的概念。马克思主义的产业理论认为，产业就是指从事国民经济中同一性质生产或其他社会、经济活动的企事业单位、机关团体的总和。特色产业就是依据禀赋特色资源（比较优势）和社会市场需求趋势，发展具有地区（国家或国际）特色的以及具有核心市场竞争力的产业（集群）。特色产业的本质就是"人无我有，人有我优"的经济，是具有比较优势的产业，产业的市场竞争力较强。特色就是"区别于其他"，就是"独有"，就是具有"独一无二之魅力"。"特色"不会一蹴而就，是历史的积淀、文化的传承，是由其赖以产生发展的特定的资源禀赋环境所决定；特色就是质量，特色就是效益；人无我有是特色，人有我强是特色，人强我新是特色。特色产业的培育发展离不开资源禀赋优势、市场需求趋势以及各级政府的有效扶持。资源禀赋优势是特色产业培育发展的前提条件，我国的万里长城在资源赋存程度上看处于绝对的垄断地位，"长城"旅游这一特色产业的发展也是中国独一无二的特色产业。市场供需以及供需发展趋势，尤其是市场的需求变化趋势引导着市场主体的"唯利是图"，追求利润的结果必然要根据本地资源要素禀赋实际，选择适宜的具有市场竞争力的产业，继而形成特色产业（集群）。各级政府的作用就是营造良好的营商环境，诱致市场主体创业，政府必须处理好"取"与"予"的关系，如果在"特色"刚刚显露时就急着"增收"，这样只会扼杀"特色"。因此，政府必须及时出台培育小（城）镇特色产业发展的相关政策，采取相应的扶持措施，诱致培育小（城）镇特色产业（集群）形成发展、不断壮大。只有资源禀赋优势、市场需求趋势以及各级政府的有效扶持等生产要素的有机结合，才能把握本地"特色"优势，才能为市场发展提供具有地方特色的产品和服务（宋效忠、王利宾、靳兰，2012）。

特色产业（集群）包括两种发展模式。一是纵向型聚集发展模式，也就是依据小（城）镇的资源禀赋优势，筛选发展具有比较优势的主导产业，围绕成长起来的特色主导产业，拉长产业链条，使其上、中、下游企业有机地聚集起来，从而形成一个个完整的生产链，这样不仅节约其间的运输成本、研发成本、生产成本、销售成本等，而且还可以使公共服务、生态环境等基础设施得到更有效的利用，最终使特色产业（集群）培育发展更具有市场竞争优势。二是横向型集聚发展模式，也就是同类或相似的具有资源禀赋优势的特色企业、特色产品聚集在一起，形成专业研发、生产、销售中心，从而降低了特色企业的生产成本，减少了市场的信息不对称，形成特色经济增长极，提升了市场竞争能力，这样不仅带动了相关产业的发展，而且增强了市场机制，激发人们的创新创业意识，促进小（城）镇特色产业（集群）全面发展。

在小（城）镇特色产业培育发展过程中，要依据特色优势，加大传统产业转型升级力度，重点培育一批特色龙头企业，逐步形成特色产业（集群）；要依据特色优势，加大当地历史文化资源的挖掘力度，形成独特的产业文化，乃至特色文化产业（集群）；要依据特色优势，设计建造具有鲜明产业特色的建筑聚居群落，形成具有自身特色文化内涵的建筑特色；要依据特色优势，健全完善特色产业培育发展的财政保障机制，包括设立特色产业发展专项资金，加强特色产业培育发展配套设施投资力度，加大特色产品研发经费投入；要形成特色产业发展的集群效应、规模效应和区域品牌效应，提高特色产业（集群）抗风险能力；要促进特色产业（集群）发展方式转变，形成互联网＋，形成特色三产的有效融合与不断升级，实现小（城）镇特色产业高端化（吴一凡，2018；赵丽娜，2019）。

八、规划机制引导

规划，也就是筹划、计划、谋划，尤其是指比较全面的长远的发展计划。规者，有法度也；划者，戈也，分开之意。因此，规划就是指有计划地去完成某一任务而做出比较全面的长远打算，是对未来发展行动的一种整体谋划，是融合多要素、多人士看法的某一特定领域的发展愿景。"凡事预则立，不预则废"。

特色小（城）镇规划包括特色产业规划和形态规划两个方面，二者相辅相成。特色产业规划是特色小（城）镇形态规划的前提和基础。特色小（城）镇经济社会发展的关键是如何依据资源禀赋优势和社会市场需求趋势设计特色主导产业（集群），并从时空方面对小（城）镇产业发展做出科学、合理、可行的特色产业发展规划。与此同时，特色小（城）镇形态规划会促进或影响特色产业规划。一些特色小（城）镇盲目地简单地从形态规划入手，投入很大资金进行房地产开发，结果形成有楼无市、有房无人的"鬼镇"。特色小（城）镇培育建设发展规划要纳入国土空间规划体系，强化"多规合一"。要科学地划定特色小（城）镇的发展边界，控制建设规模，优化空间布局，特别要合理安排生产生活生态的空间。

九、基础设施配套

基础设施（infrastructure）是人类社会赖以生存发展的一般物质条件。基础设施是特色小镇培育发展过程中的基础性产业，是特色产业培育发展的前提条件，必须配套完善。例如，旅游交通设施建设就要达到"进得来，散得开，出得去"这样的目的。

民生民本优先。墨子提出的"尚贤使能"直指"人本管理"的实质"能本管理"。"以人为本，本治则国固，本乱则国危。"《管子·牧民》曰：

"政之所兴，在顺民心；政之所废，在逆民心。"顺民心，才能发挥人民的积极性（朱肖文，2015）。

十、生态基底优质

"绿水青山就是金山银山"，保护生态环境就是保护生产力，修复改善生态环境就是发展生产力。

从空间上看，生态环境包括生态基质、生态斑块、生态廊道以及生态节点等。生态基底优质是关键（见图 5－2；郭荣朝、苗长虹、顾朝林等，2008；吴一凡，2018）。

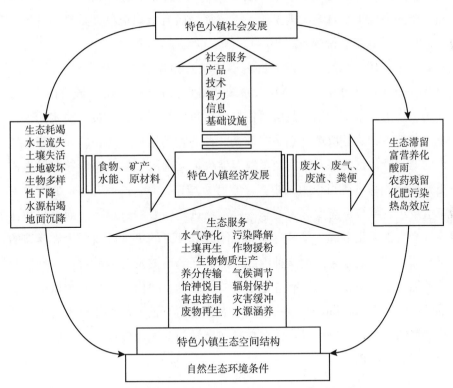

图 5－2　自然生态基质与特色小（城）镇培育建设发展

资料来源：作者自绘。

十一、增强自组织能力

自组织（Self-organization）在社会学中又被称作"自发秩序"，它的核心含义为一个起初混乱的系统经过内部个体元素局部的碰撞和交流演变出整体层面上的一种新秩序的现象。新的系统往往在老系统周而复始的复制中突现（Emergence），这种过程和演变是自发的，变化由内部产生，不受外界作用和控制，通常是由偶然性的波动引起的。复杂系统内部的变化是非线性的，底层（Local）个体之间由于信息交换产生行为，互相不断地去适应其他个体行为产生的结果反馈，个体受到正向反馈的激励而扩大效果，最终形成新的稳定状态。这种结果状态是预先未知的、不可预测的。新系统的突现正是自组织现象的关键特征，而自组织现象又是复杂系统的关键特征（周静、倪碧野，2018）。

社会正是一个复杂系统。特色小（城）镇作为人类社会文明的体现，也是一个具有自组织特征的复杂系统。培根（Bacon）在《城市的设计》一书中指出，城市的形态是由居住在城市里的人们多重决策所决定的。在某些条件下，这些决策互相影响形成一种清晰的结果产物，即一个伟大城市的诞生。他认为深入研究及理解人类决策之间的互动关系能够帮助人们更好地创造和改造当今的城市。研究有机城市（Organic Cities）的历史沿革会发现，城市形态实际上处于一种不断进化演变的过程中，而变化往往由社会局部力量发起，是经过内部个体数以百万的决策以及行为和反馈的互动循环产生的结果。而这种内部个体的互动反馈及其能够对社会产生影响的能力是城市成为一个有进化能力的系统的重要因素，是一个城市宝贵的社会力（Social Capital）。一个社会有多少自下而上的集体决策行为、什么程度的社会参与决策以及什么数量和质量的党派团体、组阁政府都成为衡量社会力的标准。

十二、耦合机制创新驱动

张治河构建了包括技术系统、政策系统、环境系统和评价系统四个子系统的产业创新系统。柳卸林则建构了我国不同产业的产业创新系统模型。这些理论均说明特色小（城）镇的培育建设发展，是建立在各影响要素之间相互耦合和高效运行的基础之上。因此，特色小（城）镇的培育建设发展过程中的耦合创新系统建构，必须突出企业等经济实体在特色产业培育以及名优品牌创建中的主体地位，充分发挥市场机制对科技资源的优化配置作用，充分发挥政府部门的宏观调控引导功能，着力搭建行业共性需求，而中、小、微企业自身又无法独立进行创新的产、学、研联姻平台，最终使各影响因子之间耦合协调推进。

耦合创新驱动系统建模就是将一个实际系统的结构、功能、输入－输出关系，用数学模型、逻辑模型等描述出来。特色小（城）镇的培育建设发展过程中耦合创新系统的逻辑运营管理表明，所有输入的资源要素根据其转换特性可以分为转换类和待转换类两大类型。这两大类型资源要素根据其功能特点的差异组成不同的资源要素群落，各资源要素群落之间相互影响、相互制约、相互促进、共同作用，以实现待转换资源要素的转换过程，最终形成全要素耦合创新系统的输出。其实质就是通过劳动的输入（尤其是高新技术劳动的输入、先进管理经验的输入），与各类资源要素之间的相互作用（尤其是协同作用），使资源能源利用效率进一步提高，最终实现价值的进一步增值（见图 5－3）（谷立霞、王贤，2010）。

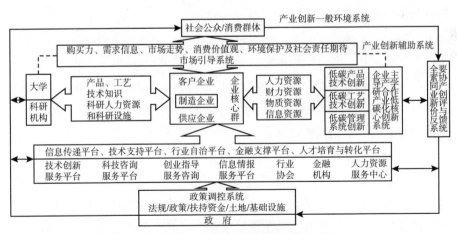

图 5－3　特色小（城）镇全要素耦合创新系统

资料来源：谷立霞，王贤. 基于全要素协同的高碳产业低碳化创新系统研究 [J]. 科技进步与对策，2010，27（11）：77－80.

第六章

特色小（城）镇培育建设发展质效提升

根据典型的不同类型特色小（城）镇发展演变过程分析评价、各影响因子创新及其耦合创新情景分析以及发展趋势预测，借鉴经济发达国家（地区）特色小（城）镇培育建设经验，从小（城）镇的产业业态、生态环境、传统文化、设施服务、体制机制等方面，归纳凝练出特色小（城）镇质效提升的目标体系；提出了特色小（城）镇培育建设发展质效提升的实施路径。

一、特色小（城）镇培育建设发展质效提升的目标体系

特色小（城）镇培育建设发展质效提升的目标体系主要包括五个方面，具体如下（见图6-1）。

（一）产业业态特色鲜明

特色产业培育发展是特色小（城）镇健康可持续发展的基石。因此，在特色小（城）镇培育建设发展过程中，特色鲜明的产业业态是小（城）镇质效提升的一个关键性目标。

1. 特色产业建镇富镇强镇

特色小（城）镇的培育建设发展必须要有明确的发展战略目标，也就是对小（城）镇的长远发展必须有一个科学的谋划。在这个长远目标谋划中，既要符合长远的社会市场需求发展变化趋势，符合国家的产业发展政策，又要能够充分发挥小（城）镇自身禀赋的特色资源优势，能够做到"人无我有，人有我优"，即形成小（城）镇的特色产业，并通过小（城）

镇特色产业的发展，实现富镇强镇目的。除此之外，别无他途。

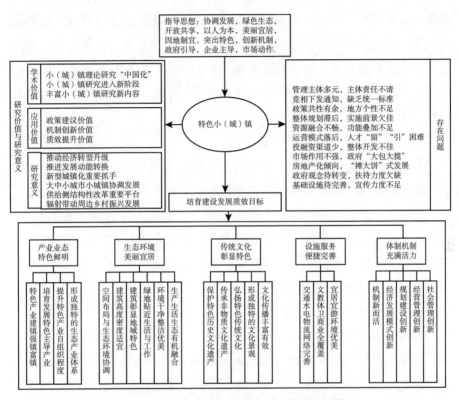

图6-1 特色小（城）镇培育建设发展目标体系

资料来源：杨萍，张锋. 乡村振兴战略背景下特色小镇新业态诊断与培育路径研究——基于产业集聚的视角 [J]. 农业经济，2019（1）：34-36.

2. 培育发展特色主导产业

小（城）镇的特色产业并不是一蹴而就的，是需要经过若干年的培育发展才能形成的。首先，就是小（城）镇特色资源的甄别确定，不仅要考虑"人无我有，人有我优"，而且还要考虑所形成的产业是否符合社会市场需求变化趋势，是否具有很高的高新技术含量，是否具有很强的经济产业带动作用，是否能够安排更多的剩余劳动力就业等。因此，小（城）镇的特色产业是一个培育发展的过程，必须经过最初"高瞻远瞩"的甄别筛选形成先导产业，继而发展壮大成为特色主导产业，进一步发展将进入特色支柱产业阶段，最后被升级后特色主导产业所取代而成为小（城）镇的夕阳产业。从小（城）镇某一特色产业发展演变过程也可以看出，特色产业的培育发展是一个漫长的不断更新的过程，它既包括特色新兴产业的培育发展，也包括传统特色产业的转型升级，与时代发展、特色优势、需求趋势以及高新技术等方面必须密切地联系在一起，才能使小（城）镇的特色产业不断发展壮大（潘静波，2016；周凯、韩冰，2018；李苹绣，2018；杨萍、张锋，2019）。

3. 提升特色产业自组织程度

某一特色产业链（集群）的培育发展涉及诸多环节。随着特色产业的分工越来越细化，专业化程度越来越高，自组织程度随之提高。在此过程中，要培育并放大特色产业内龙头企业的外溢效应，一般研发实力较强、创新产出较高、效益最好、辐射力强的特色龙头企业，才能带动特色产业内部其他相关的中小企业的更好发展。因此，特色小（城）镇的管理部门以及地方政府部门要进一步加强行业指导，加大对这些企业的引导力度与整合力度，充分挖掘区域根植性在特色产业集聚发展过程中的自动稳定功能，有利于小（城）镇特色产业集群（链条）内各企业之间形成业缘、亲缘、地缘极为密切的关系网，建立彼此互信机制；鼓励中小企业在研发、采购、生产、销售、信息共享等诸多方面广泛建立联盟，有效提升其市场竞争能力（杨萍、张锋，2019）。

4. 形成独特的生态产业体系

小（城）镇特色主导产业的培育发展是经济社会发展到一定阶段（后工业化阶段）的产物，是为了满足需求收入弹性系数很大时人们的个性化、时尚化消费需要。因此，特色产业产品的质量问题就上升到一个至关重要的地位。例如，对农产品的需求，不仅仅是有无、多少的问题，更重要的是农产品是否绿色、是否有机、是否营养等方面；对旅游产品的需求，更重要地强调是否休闲、是否生态、是否能够参与、是否具有精神内涵等；对工业品的需求，主要考虑是否时尚、是否个性等。这就要求小（城）镇的特色主导产业，必须与上下游产业、旁侧产业有机地衔接在一起，具有高技术含量，具有良好的生态环境效益，最终形成独具特色的生态产业体系。

（二）生态环境美丽宜居

在小（城）镇特色产业体系（集群）不断发展壮大的同时，还必须形成美丽宜居的生态环境，使生产、生活、生态有机地融合在一起。

1. **空间布局与生态环境协调**

小（城）镇的生产、生活以及生态等功能区的空间布局必须科学合理。首先，从小（城）镇的生态系统来说，它是一个有机体。河流、地下水含水层等生态廊道类似于人体的血管，如果类似于人体动脉血管的水路被阻断，那么小（城）镇这一生态肌体就会失去活力，甚至出现死亡。因此，特色小（城）镇的培育建设布局，必须与其生态空间结构优化有机地融合在一起，在此基础上进行生产、生活空间布局，且必须控制在生态环境的承载力范围之内。其次，小（城）镇的空间规划布局必须遵循方便居民生产、生活这一基本原则，使特色主导产业集群的各产业空间布局有机地衔接，使居民生产生活等基础设施、市政服务设施配套完善，并与生态空间结构有效吻合，实现小（城）镇的经济—社会—生态—环境耦合效益最大化。

2. **建筑高度密度适宜**

特色小（城）镇的宜居性，不仅体现在小（城）镇的整体风貌（整体空间环境、公共空间环境、建筑组群空间环境）、地域特色等方面，而且更重要的还体现在建筑体形环境等方面。特色小（城）镇的建筑体形环境主要包括：建筑风格形式、建筑体量（建筑竖向尺度、建筑横向尺度、建筑形体）、建筑环境因素（绿地环境因素、商业环境因素、地域环境因素）。特色小（城）镇的生态宜居必须使规划建设各层面的空间环境要素有机地衔接在一起，在体现小（城）镇地域特色的同时，使其建筑高度、建筑间距、建筑密度、容积率、绿地率等量化指标疏密适宜，把建筑活动对生态环境的影响控制在承载力（国家相关标准规定的允许值）范围之内，以便于维持生态系统的自然平衡，使特色小（城）镇的居住环境生态宜居。

3. **建设彰显地域特色**

地域是指一定的地域空间，是自然要素与人文因素相互作用形成的有机综合体。不同的地域因其自然条件以及人文因素的差异，将会形成各具特色的不同的地域文化。地域文化特色的形成具有长期性、渗透性和包容性。长期性说明小（城）镇的特色历史文化是经过漫长的历史演变过程而形成；任何事物都不是孤立存在的，由于人口流动迁移自然使各地区的风俗习惯相互渗透、相互影响，尤其是处于若干个文化区交汇的地带，其地域文化的渗透性和包容性更为明显。地域文化是小（城）镇禀赋资源特色的重要体现，在规划设计以及建设发展过程中必须凸显小（城）镇的地域特色。

4. 绿地贴近生活与工作

在特色小（城）镇的绿地规划设计建设中，要树立"均好性理念"，使城镇级、片区级、宗地级的绿地既要自成体系，又要有机衔接，能够成为一个有机整体，能够使小（城）镇镇区生态系统与外围自然生态系统无缝衔接、使镇区内部各层级的绿地生态系统有效联系，这样不仅能够使镇区内外的生态流畅通无阻，同时还能够使各层级的绿地更加贴近特色小（城）镇居民的生产生活地点；要充分利用原有的地形地貌、树木水塘洼地等自然条件，尽量减少土石方的挖填，尽量减少树木的移植，要做到"能用尽用，能绿尽绿"，为居民生产生活提供良好的生态环境条件。

5. 环境干净整洁优美

"苍蝇不叮无缝的蛋"，这句谚语说明垃圾污水等污染物是细菌传播、疾病产生的温床。我国曾经出现的"癌症村"等现象，不仅说明"不道德的生产厂家"为降低生产成本敢冒天下之大不韪，而且更能说明将工业废水自然排放或者通过深井排放而造成的水污染、环境污染给人类生产生活带来严重的影响。由此可以看出，干净整洁优美的生产生活环境不仅有利于减少细菌的传播扩散、减少疾病的传染扩散，同时优美的生态环境还有利于提升人们的"精气神"，激发人们对美好生产生活的设想规划，激发人们的"干事创业"热情，提升人们在新技术开发、产品研发、管理创新等方面的能力，促进"大众创业，万众创新"。

6. 生产生活生态有机融合

实现特色小（城）镇生产、生活、生态的有效融合，就需要满足以下三方面要求：生产方面的创业与创新，要实现集约高效；生活方面的物质生活与精神生活，要实现宜居适度；生态方面的自然生态与社会生态，要实现山清水秀。特色小（城）镇的培育建设发展不只是特色主导产业的培育发展、特色文化的整合利用、交通等基础设施以及公共服务设施的配套完善、生态环境的优化建设等，更重要的是特色小（城）镇的生产、生活、生态要素的互相融合，只有这样才能成为真正成功的特色小（城）镇，才能实现特色小（城）镇的健康可持续发展。为此，国家住房和城乡建设部也明确提出：坚持特色发展，防止产业跟风；坚持特色建设，尊重自然肌理，避免"千镇一面"……。特色小（城）镇培育建设发展的目的就是将特色小（城）镇建设成产业特色鲜明、生态环境优美、多种功能叠加、特色风貌显现，以及生产、生活、生态能够融合发展。

（三）传统文化彰显特色

传统文化（Traditional Culture）的落脚点在文化，是文明演化而形成的民族特质和文化风貌，是民族历史上各种思想文化、观念形态的总体表现，包括历代存在过的各种文化实体和文化意识。

1. 保护特色历史文化遗产

在国家住房和城乡建设部公布的 403 个特色小（城）镇中，有中国历史文化名镇之称的 69 个，占总数的 17%，另外还有大量省级、市级、县级历史文化保护单位。特色历史文化是小（城）镇禀赋资源优势的重要体现，同时在其他特色资源的开发利用过程中，也必须凸显特色文化，尤其是要突出小（城）镇的特色历史文化资源品牌。例如，英国人就倾向居住生活于历史文化底蕴深厚的特色小（城）镇。特色小（城）镇品质的提升主要体现在文化"魂"上，尤其是物质文化遗产以及非物质文化遗产等方面。

2. 传承非物质文化遗产

世代相传的各种各样的非物质文化遗产（intangible cultural heritage）也会随着人们所处环境、与自然界的相互关系以及历史条件的变化而不断得以创新，具有普遍的认同感和历史感，继而促进了文化多样性，激发了人类的创造力（密春林，2017）。

在国家住房和城乡建设部公布的403个特色小（城）镇中，具有各层级的非物质文化遗产传承的特色小（城）镇占比高达62%，说明大多数特色小（城）镇具有不同程度的非物质文化传承职能。在特色小（城）镇的非物质文化传承过程中，要加大宣传保护力度，要把所需经费列入地方财政预算，积极支持传承人或组织开展非物质文化遗产的传承活动，深入挖掘非遗内涵，使"保护为主、抢救第一、合理利用、传承发展"有机地结合在一起，以便于提升小（城）镇的特色文化内涵。

3. 弘扬特色传统文化

中国的传统文化，历史悠久，绚丽多彩，博大精深，世代相传。尤其是具有中国民族特色的传统文化，是世界传统文化宝库中的瑰宝，与其他民族文化有着显著的不同。这些民族历史、风土人情、传统习俗、生活方式、行为规范、思维方式、价值观念等传统文化，激励着一代又一代的人们"不忘初心""奋斗不止"。在特色小（城）镇的培育建设发展过程中，要继续弘扬特色传统文化，形成小（城）镇的文化脊梁与灵魂，进一步提升特色小（城）镇培育建设发展的质量效益。

4. 形成独特的文化景观

保护特色历史文化遗产，传承非物质文化遗产，弘扬传统文化，一方面体现在特色小（城）镇培育建设发展品质的提升，另一方面更为直观地形成独特的文化景观。特色小（城）镇独特的文化景观的形成体现在有形文化资源与无形文化资产等多个方面，并在小（城）镇的培育建设发展过程中发挥着极为重要的作用。具体表现在以下四个方面：复活历史文化，再现厚重的历史文化；盘活山水文化，呈现美丽的自然山水；激活特色文化，唤起人们的"昂扬斗志"；做活创新文化，更好地推进"双创"活动。

5. 文化传播丰富有效

文化传播，又称文化扩散，也就是指人类文化由文化源地向外辐射传播或由一个社会群体向另一群体的散布过程。特色小（城）镇的培育建设发展过程就是传统特色产业转型升级或新兴特色产业形成的过程，就是特色文化凝练升华的过程……都需要小（城）镇居民进一步解放思想、不断地深化改革，在深入分析小（城）镇自身禀赋特色资源优势、科学判断预测社会市场需求趋势以及外部环境条件和相关情况的基础上，审时度势、高瞻远瞩而做出的小（城）镇长远发展谋划，这与信息的筛选、技术的支持、时机的把握等文化传播丰富有效密不可分。同时，特色小（城）镇的发展壮大也离不开有效的文化传播。特色小（城）镇是一个开放的文化系统，既需要与外来文化进行有效的碰撞，取其精华，去其糟粕；也需要及时扩散传播自身特色文化，以便于宣传推销自身的特色产品，满足社会市场进一步发展的需求。

（四）设施服务便捷完善

基础设施（infrastructure）是指为特色小（城）镇居民生产、生活以及生态提供服务的物质工程设施，主要包括交通道路、供水供电、物流网络、文化教育、体育卫生、商业服务等市政公用工程设施和公共生活服务设施等，是小（城）镇有效运行的前提和基础。

1. 交通水电物流网络完善

位于大城市或者超大城市郊区的特色小（城）镇交通水电物流网络相对较为完善，为其特色产业的培育发展奠定了良好的物质基础。位于农村地区，尤其是位于偏远山区的特色小（城）镇的交通水电物流网络等基础设施是否完善是其培育建设发展的关键环节。例如，一些特色生态休闲旅游小（城）镇对交通条件的基本要求就是"进得来，散得开，出得去"，即，客源地城市到旅游目的地城市的交通、旅游目的地城市到旅游景点景区的交通必须畅通无阻，才能使游客"进得来"；旅游景点景区内部交通既有机动车通道，也有"曲径通幽"的多条步行通道网络，其间相互连通，使游客进入景点景区以后能够自动散开，以免影响游客的休闲旅游；"出得去"是指旅游景点景区的道路网络不仅能够有效地疏散游客，也能够提供更加快捷的与一般的等多种交通方式供游客选择，以便于满足不同层次游客的需要。例如，游客突然有紧急事情需要快速离开，此时能够有更加快捷的交通方式提供。由此可以看出，只有建设完善配套的交通水电物流网络，才能够为特色小（城）镇的培育发展提供便捷的服务，才有利于生产要素的有效集聚、特色产业的培育发展以及居民的宜业宜居。

2. 文教体卫商业全覆盖

文化、教育、体育、卫生以及商业设施的健全完善与否，直接影响着特色小（城）镇居民的生产生活质量。文化、教育事业的发展不仅涉及特色小（城）镇各行各业工作人员的再教育问题、素质高低问题以及后备人才资源的有效供应问题等，同时也涉及特色小（城）镇居民后代的培养问题，影响到他们能否"安下心来工作之"。强健的体魄是人们有效工作的前提条件，体育以及医疗卫生设施的配置状况是保证特色小（城）镇居民身体健康的基础。便利的商业设施不仅有利于特色小（城）镇居民生活，也有利于小（城）镇特色产品的销售，是特色小（城）镇向外展示的一个窗口。

3. 宜居宜游环境优美

雷尼尔效应，是指华盛顿大学教授们因为迷恋在大学教书还可以享受到校园的湖光山色，而宁可牺牲20%的收入也不"跳槽"的这种以环境留住人才的现象（偏好）。特色小（城）镇要以雷尼尔效应为借鉴，突出"特""小""镇""精"，充分挖掘当地文化元素，原汁原味地保留小（城）镇的泥土气息和浓厚的乡野风情以及原生态的优美的自然生态环境，精致中凸显"高颜值"，使其真正成为人们宜居宜业宜游向往的地方（杨萍、张锋，2019）。

（五）体制机制充满活力

体制机制充满活力主要体现在机制的灵活程度以及经济发展模式、规划建设、经营管理方面的创新程度以及活力如何。

1. 机制新而活

在特色小（城）镇的培育建设发展过程中，主要以政府引导下的规划建设发展的目标完成率以及以"办事效率"为核心的系列改革创新举措情况，来反映各级政府的服务状态以及相关创新举措的落实情况；以非政府投资占全部投资的比重以及以知名龙头骨干企业进行规划建设的情况来反映小（城）镇培育建设发展过程中企业主体地位的落实情况；以龙头特色产业培育投资建设的市场多元化情况，PPP、BOT 投融资模式运用情况等，来反映小（城）镇培育建设发展过程中市场运作主导作用的落实情况。政府引导、企业主导、市场主体是特色小（城）镇培育建设发展过程中体制机制创新的主要体现（杨萍、张锋，2019）。

小（城）镇可能存在行政空间边界，但生产要素的流动以及产业的合作是没有边界的。政府要通过制定各种优惠政策，敞开对自身急需的各种高端人才、资金、技术等要素的吸引，继而打通产业链、创新链和人才链，打通"最后一公里"，形成人才磁场、资金洼地、技术高地，为培育发展宜业宜居宜游的特色小（城）镇奠定基础。特色小（城）镇以及地方政府要不断完善精细化社区治理制度，建立健全监管机制，建立差异化的动态考核奖惩机制。

2. 经济发展模式创新

经济发展模式创新主要体现在特色小（城）镇特色产业的培育发展方面：一是产业的专业化（特色化）精细化（高端化）发展，主要包括特色专业企业入驻情况、产业技术领先程度、创业创新环境建设以及特色产业的投资比重、营收比重等方面。二是高端生产要素集聚程度，包括国际高端人才、院士、千人计划、长江学者、高级技术职称人才以及相关专业人才的引进情况，与国际知名研发机构、国家级省级科研机构以及相关高等院校开展合作或签订框架协议等方面的情况，以反映科研机构对特色小（城）镇培育建设发展的支持力度。三是科技创新水平，包括科技企业集聚情况、研发投入情况等。

3. 规划建设创新

"凡事预则立，不预则废"，说明规划建设在特色小（城）镇的培育建设发展过程中具有重要的作用。特色小（城）镇的规划设计事关其未来发展战略方向，尤其是特色优势资源的确定以及特色产业的培育发展，必须站在区域经济社会发展所处阶段的高度乃至全国、全球的层面对其特色产业培育发展进行科学谋划，使其生产的特色产品不仅能够满足社会市场需求发展趋势，而且也能够充分发挥小（城）镇的特色资源优势。与此同时，在特色小（城）镇的具体规划建设过程中，还要有效处理好生产、生活、生态有效融合的关系，最终使小（城）镇的建设更加宜业宜居。

4. 经营管理创新

经营管理主要体现在特色小（城）镇的社区服务功能、特色产业功能、旅游服务功能、文化特色挖掘、生态环境建设以及形象魅力塑造等方面。（1）社区服务功能包括服务设施配套、智慧社区建设、人口集聚规模等方面的情况。（2）特色产业功能主要包括上述所说的小（城）镇产业专业化（特色化）精细化（高端化）发展情况。（3）旅游服务功能包括小（城）镇旅游景点景区创建情况以及建有展示小（城）镇特色的具有综合功能的公共开放性场馆情况。（4）文化特色挖掘功能包括开展各类地域特色文化活动、体现传承创新、彰显当地特色文化的情况，开展与小（城）镇产业定位有关、扩大产业影响力的文化活动情况，以及建有开放式文体设施方面的情况。（5）生态环境建设主要包括绿色发展以及美化洁化等方面。绿色发展包括绿色节能建筑、海绵城市技术、光伏技术、资源循环利用等方面的技术在特色小（城）镇培育建设发展过程中的运用情况。环境的美好洁化程度体现在建成区的绿地覆盖率、公园绿地品质以及公共场所的卫生整洁情况。形象魅力塑造体现在特色小（城）镇核心区城市设计与景观设计已经展现了主要城镇的功能和风貌，整体建筑形态与周边环境协调、符合特色产业定位要求，具有能够体现小（城）镇建设发展理念、特色文化等在内的视觉识别系统且能够基本覆盖小（城）镇，得到较好的应用。

5. 社会管理创新

社会管理（public administration），就是指地方政府和社会组织对社会系统的各组成部分、社会生活的不同领域以及社会发展的各个环节进行组织、协调、指导、规范、监督和纠正社会失灵的过程，以便于促进社会系统的协调有序运转。广义的社会管理是由社会成员组成专门机构对社会的政治、经济和社会文化事务进行统筹管理。狭义的社会管理仅仅是指在特定条件下，由权力部门授权对不能划归已有政治、经济和社会文化部门管理的公共事务进行的专门管理。特色小（城）镇的社会管理创新就是要及时改变原有的传统管理模式和固化思维，建立与中国特色社会主义市场经济相适应的社会管理系统和机制，根据社会市场需求发展趋势，创造性地做好社会管理的基础性和服务性工作，大力支持小（城）镇社会领域的公民事务，最终实现小（城）镇社会资源合理有效配置。

二、特色小（城）镇培育建设发展质效提升路径

由于我国地域辽阔，自然环境条件以及经济社会发展水平存在着很大的差异性，决定了特色小（城）镇的培育建设发展必须因地制宜，依据不同地区的资源禀赋、区位条件以及经济社会发展阶段等方面的差异，针对不同地域、不同类型以及不同小（城）镇的具体情况，科学合理地选择特色小（城）镇培育建设发展质效提升的路径，总体上可以划分以下五个方面（徐世雨，2019）。

（一）特色产业（集群）路径

处于我国不同地域的小（城）镇，由于其资源禀赋情况、经济社会发展水平以及生产生活方式等方面的差异，由此形成了各具地方比较优势的特色禀赋资源。在此基础上，培育发展小（城）镇的特色产业（集群或链条），合理配置生产要素，有效实施"特色产业（集群）-城镇建设"联动发展战略，不断提升小（城）镇特色产业（集群）的吸引辐射能力（杨志民，2018）。

1. 特色加工业（集群）路径

由于地方资源禀赋以及经济基础、历史传统等方面的不同，一些地方形成了以特色加工业（集群）为主导产业的小（城）镇。这种类型的特色小（城）镇既有分布于具有资源禀赋优势的经济欠发达地区，也有分布于大城市、超大城市郊区的经济较为发达地区。前者如贵州省的茅台镇，由于当地具有得天独厚的自然生态环境条件和历史悠久的传统酿酒工艺，在充分发挥这些比较优势资源的基础上，培育发展形成了以酿酒为特色主导产业的特色小（城）镇——茅台镇，茅台酒的知名度享誉国内外，尤其是在国内享有极高的知名度。后者如广东省北滘镇，位于佛山市顺德区东北

部，紧邻广州市番禺区，距离广州南站（高铁站）仅有 10 余公里，由于其位置优越，水陆交通便利，属于粤港澳大湾区的主要组成部分，在充分发挥其交通区位、经济区位等比较优势的基础上，目前已培育发展成为世界级的家电生产基地（特色产业集群）之一，被评为"中国家电制造业重镇"，并由"顺德制造"向"顺德创造"转型升级，产业集群程度高、产业链完善，2016 年北滘镇的生产总值 525 亿元，在国家级特色小（城）镇中位居第 1 位。

特色加工业（集群）发展路径要立足于扩大有效供给，尤其是符合社会市场需求趋势的高端供给，减少低端、重复供给。对于缺乏产业基础的小（城）镇，尤其是大城市、超大城市郊区的小（城）镇要高起点、高规格谋划，植入高端特色加工业（集群）。对具有一定产业基础和资源禀赋的小（城）镇，要在产业细分的基础上对传统产业企业进行整合，使其符合社会市场需求发展趋势，要引导企业与相关科研院所建立常态化合作机制，继而通过高新技术嫁接，使传统特色产业转型升级；对效益差的落后低端企业要坚决进行关、停、并、转，淘汰落后产能。同时，还要解决好过度聚集或无关联聚集的外部性、拥挤成本和"搭便车"行为等。

2. 特色手工业（集群）路径

"一方水土养一方人"。全国各地由于自然环境条件以及经济社会发展水平等方面存在着巨大差异，各地区人们在生产生活方式等方面也存在着很大不同，从而形成了各种各样的形式文化区、乡土文化区与功能文化区。与此同时，也形成了与各种各样地方文化密切结合的独具一格的地方特色艺术手工业，即各种各样的非物质文化遗产。继而形成根植于地方的以玉雕、木雕、丝绸、文房四宝等传统历史经典手工产业为特色的小（城）镇。通过对根植于小（城）镇的这种稀缺资源的充分挖掘，运用新的技术工艺在传承的基础上对其产品和工艺进行市场化改造，继而推动传统经典手工产业与地方特色文化、旅游、科技、互联网等深度融合，使一些老字号创新而不走样，使其重新焕发青春，使其特色手工产业（集群）得以健康快速发展，继而使特色小（城）镇不断发展壮大。例如，以玉雕特色产业（集群）得以健康发展的特色小（城）镇石佛寺镇（河南省南阳市），以木版年画特色产业（集群）得以快速发展的历史文化名镇朱仙镇（河南省开封市），以泥泥狗等传统手工艺产业（集群）得到快速发展而知名度大幅提升的周口市淮阳县。另外，还有陕西省乾县的布艺产业（集群）；河北省蔚县的剪纸艺术产业（集群）；等等（杨志民，2018；杨萍、张锋，2019）。

3. 特色农业（集群）路径

库尔什塔（Kulshreshtha，2005）认为农业产业集群是由农业生产、食品加工和农场投入制造三个子集群系统（Sub-clusters）构成。所以，农业产业集群是农业和农村经济发展的重要产业组织形式，农业及其关联产业只有集群发展，才能将我国一家一户分散的小农生产组织起来与国内外大市场进行有效的衔接，才能进一步提高农业资源利用效率，进一步提升农业生产规模效益，最终实现农业生产的健康持续发展。

特色农业产业集群就是各种特色农业生产基地及与其关联的产业在一定区域内集聚的现象，包括特色农业生产基地，特色农业生产上下游产业的制造商，互补性产品的制造商，专业化基础设施的供应商，联系紧密的旁侧产业，以及相关机构（政府、大学、科研机构、行业协会、专业合作社等）（见图6-2）。这些产业以特色农业产业发展为核心，其间相互支撑、高度互动、共享各种资源，具有高度的专业化分工协作，与区域、国家乃至全球产业链进行链接，从而对区域、国家乃至全球经济发展产生重要影响。我们这里所说的特色农业产业集群是指大农业特色产业集群，还可以细分为：特色种植业产业集群、特色林果业产业集群、特色畜牧业产业集群、特色渔业产业集群以及以手工艺制作为主要内容的特色创意产业集群等（杨萍、张锋，2019）。

4. 特色饮食业（集群）路径

俗语说得好，"民以食为天""生意做遍不如做饭"。这些俗语充分说明饮食业，尤其是特色饮食业的重要性，也说明特色饮食业的发展潜力巨大。然而，由于地形、气候、动植物资源以及其他自然资源等自然环境条件的不同，形成了各具地方特色的生产生活方式，也形成了独具

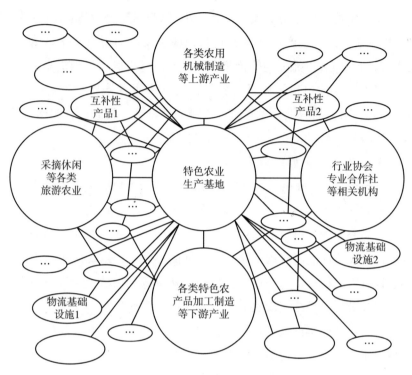

图 6 – 2　特色农业产业集群模式

资料来源：作者自绘。

特色的地方饮食文化。例如，以口味咸鲜为主的鲁菜；以麻辣为主，口味清鲜醇浓的川菜；以鲜香为主，清而不淡、鲜而不俗、嫩而不生、油而不腻的粤菜；等等。这些菜系的形成，与其所在地区的气候条件、地理环境、历史文化、食材生产以及饮食风俗都有着极为密切的关系。这种极具地方特色的饮食文化依托当地的特产与特色小吃，借助于快速发展的现代物流业、旅游业等，形成了极具吸引力的特色饮食业（集群）。一些特色饮食往往发展成为一些地方的代名词。（杨志民，2018）。

5. 新业态（集群）培育路径

对于大城市、超大城市郊区的缺乏产业基础的小（城）镇，要充分发挥其区位、交通、人才、科技等比较优势，要积极承担中心城区高端产业链的某一环节的生产功能，门槛设置要高，从一开始就要吸引相应的高端生产要素资源集聚，植入高端制造等特色制造业，支持风险投资机构、科技中介服务机构以及与高端特色产业密切相关的产业联盟等社会组织积极参与到新业态的培育发展过程中，以此促进特色小（城）镇新业态（集群）的培育与持续健康发展（杨萍、张锋，2019）。

(二) 金融支持路径

根据已公布的国家级、省级特色小（城）镇的数量已达到 2 000 个左右，在其培育建设发展过程中需要大量的工商资本注入，需要金融的大力支持。

1. 金融供给问题

从我国小（城）镇的发展过程可以看出，20 世纪 80 年代中后期至 90 年代是我国小（城）镇快速发展时期。因此，在金融供给方面仍然存在着金融供给总量不足、资源错配、服务质效不高、风险较大等突出问题。例如，2014 ~ 2016 年河南省新型农村金融机构——村镇银行超过 90% 的贷款投向了涉农领域，三年的贷款余额分别为 317. 71 亿元、403. 6 亿元和498. 21 亿元，[①] 重点支持农户和小微企业的经营发展，但信贷规模与农村合作金融机构、邮政储蓄银行涉农贷款余额等其他银行相比较小，更加无法与投向城市的国有大型商业银行的贷款余额相比。由于信息不对称以及信贷成本较高、风险较大而导致资源错配。与此同时，在小（城）镇设置金融网点的主要是农村商业银行、邮政储蓄银行、农村信用社等，其他金融机构在小（城）镇几乎不设网点，导致小（城）镇的金融服务质量效益偏低（唐祥，2019）。

2. 金融支持策略

(1) 加大金融产品创新力度。根据不同类型特色小（城）镇培育建设发展过程中的金融需求，要有针对性地创新金融产品，推出更多的更"接地气"的金融产品，拓宽资金进入特色小（城）镇的渠道。将专利权、知识产权、商标权等作为质押品，创新信贷融资模式，支持资信状况良好的

---

① 唐祥. 农村中小银行金融科技应用现状与发展对策 [J]. 现代金融，2019（6）：19 – 21.

成长型龙头企业不断发展壮大。

（2）加大金融科技应用。充分发挥大数据、区块链、人工智能等金融科技的作用，推广金融服务进入小（城）镇等信息服务，以便于更精准地匹配特色小（城）镇培育建设发展过程中的金融需求端诉求与金融供给侧供给。大数据、云计算的应用将有利于推进数字金融发展，互联网则可以开发线上金融服务，优化金融资源结构，降低金融获得成本，进一步缓解金融需求与供给之间的缺口以及结构性金融资源错配。

（3）增加金融服务配套支持。加大小（城）镇金融机构业务发展所需的资金、人员、设备等支持力度，完善金融业务人员培训体系，提升员工素质与业务水平，加快小（城）镇金融网点的建设发展，积极更新升级信息系统等，提升金融服务质量效率。

（4）完善优化金融生态环境。健全完善支付、征信等金融基础设施，完善优化小（城）镇金融生态环境，以便于更好地为特色小（城）镇的培育建设发展提供金融支持。移动支付在网络和手机普及度不断增加的小（城）镇地区有着较大的发展空间，要完善支付系统基础设施，设计开发创新性支付产品，推广移动支付在特色小（城）镇培育建设发展方面的应用。努力提高小（城）镇各类经济主体的信用意识，建立完善电子化信用档案、信用评价机制和信用共享机制，支持信贷与信息、信用联动发展。

（5）及时防控金融风险。加大金融风险防范与监管力度，进一步明确各金融机构风险防范的主体责任，防控贷款信用风险等业务风险与地方性金融机构声誉风险、流动性风险等，通过担保、保险与信贷的有机结合，加强金融风险的共同承担，健全地方金融风险补偿机制，及时有效地防控区域性系统性金融风险，更好地支持特色小（城）镇的培育建设发展。

（三）生态建设路径

从良好的生态环境资源的充分利用视角来看，特色小（城）镇培育发展过程中的生态建设路径主要包括以下两种发展模式：

（1）观光农业。

2018 年，我国的常住人口城市化水平已经达到 59.58%，也就是说已经有将近 60% 的人口长期生产生活于城市[①]，对农业、农村、农民缺乏直观认识，甚至出现了"把麦苗当韭菜"的现象。这种对"农业、农村、农民"生产生活现象的生疏，进一步激发了一些城市居民的好奇心，勾起人们的"乡愁"。尤其是随着我国经济社会发展水平的进一步提高，城市化水平的进一步提升，这种社会市场需求量将进一步扩大。因此，在特色小（城）镇培育建设发展过程中，要审时度势，要充分利用乡村地区良好的生态环境资源，培育发展休闲农业；有利于进一步扩大特色农业产业（集群）发展的影响力，促进适销对路的特色农业产业（集群）的发展，进一步拉长农业产业链条，进一步提升特色农业产业（集群）的附加值，提高其规模经济效益，提高其经济—社会—生态环境方面的综合效益（杨志民，2018）。

在西方经济发达国家或地区，乃至在我国的城市化快速推进过程中，都或多或少地使原有的自然生态环境因为人类的生产生活发展而发生变化。原有的生态基质、生态斑块、生态廊道、生态节点……，不断碎化，最终使其生态功能进一步弱化退化，生态环境承载能力进一步下降。然而，农村地区仍然拥有着丰富的较为原始的自然旅游资源和较为淳朴的人文旅游资源。因此，在特色小（城）镇的培育建设发展过程中，不仅要大力修复生态环境，还要进一步充分挖掘利用当地良好的农业生态环境资源，积极发展采摘休闲等特色种植业（集群），积极发展垂钓等特色渔业（集群），以及相关的特色畜牧业（集群）、特色林业（集群）等，将农业与旅游业有机地结合起来，形成农（种植业）旅（旅游业）结合、林（林业）旅（旅游业）结合，等等，这样不仅使农、林、牧、渔业有机衔接，促进农业循环经济发展，而且还可以促使三产融合发展。不仅进一步拉长了特色农业产业链条，提升了农业生产的附加值，形成良好的经济效益，而且还可以使"经济社会—文化科技—生态环境"有机地衔接在一起，最终产生良好的经济—社会—环境等综合效益（郭荣朝，2008；杨志民，

---

① 国家统计局. 中国统计年鉴（2019）[Z]. 北京：中国统计出版社，2019.

2018；田淑英、夏梦丽、金伟，2019）。

（2）生态旅游。

位于部分超大城市、特大城市郊区的古城镇以及一些地处偏远地区的古村落、古城镇，仍然保持着得天独厚的天人合一的生活居住环境，这是良好生态环境与悠久人文资源的有机结合，也就是城市居民心目中的"世外桃源"，对于生产生活节奏较快的城市居民来说有着极强的吸引力，是他（她）们休闲度假的好去处，社会市场需求潜力巨大。因此，要对该类小（城）镇、乡村所特有的比较优势资源进行充分挖掘，不仅有利于这些物质文化遗产资源的修缮保护，而且还可以通过开发利用这些生态环境资源、历史文化资源，使之发展成为独具特色的旅游项目、旅游产业（集群），继而促进特色小（城）镇的培育建设发展，促进特色小（城）镇的生态环境建设，使特色小（城）镇的经济—社会—环境步入良性循环轨道，更加协调健康发展。例如，地处上海超大城市郊区的朱家角特色小（城）镇的培育建设发展就已经取得了明显的成效，每天不仅吸引大量的外地游客参观游览，而且还是上海市民休闲消遣的最佳选择地点之一。再例如，云南省的元阳特色小（城）镇、湖南省的凤凰古镇等，虽然交通区位较为偏远，但良好的生态环境与文化底蕴深厚的人文资源的有机结合，在生态旅游产业（集群）培育发展方面都取得了长足的进步，继而成为人们休闲度假的最佳选择地点之一。

（四）传统文化路径

我国是世界四大文明古国之一，有着悠久的历史，文化底蕴深厚。悠久的农耕文明，孕育发展形成了丰富多彩的农耕传统文化。例如，在我国广袤的农区、牧区、林区形成了多种多样的农耕文化、节庆文化、民风民俗文化等。随着我国经济社会发展水平的进一步提高，尤其是城市化水平的进一步提高，城市发展对乡村的影响越来越大，一些传统文化，包括一些传统手工艺，呈现出逐渐消失的趋势。因此，要加强特色文化资源，尤其是农耕文化资源丰富的小（城）镇的开发力度。

1. 特色文化产业

如果说特色产业的培育发展是特色小（城）镇培育建设发展的关键环

节，那么特色文化的挖掘利用以及特色文化产业的培育发展则成为提升小（城）镇质效的"灵魂"。在特色小（城）镇的培育建设发展过程中，必须重视特色产业与特色文化的有机结合。目前，我国的特色小（城）镇普遍建设有产业文化内容，主要体现在较为浅显、形式单一文化标志物上，相关的文化活动没有得到有序开发，没有形成系列特色文化产业品牌，特色文化产业内涵的挖掘与创新仍然存在着诸多问题。因此，在今后的特色小（城）镇培育建设发展过程中，特色文化产业内涵孕育，尤其是要与传统文化进行融合发展，对外要进一步展现文化产业形象以及行业的特色与价值，对内要进一步促进相关产业人员之间的融合、凝聚，拧成"一股绳"，以便于形成强大的合力（共同体），进一步提升小（城）镇居民干事创业的"精气神"，激发人们的创业创新精神，以此推动特色小（城）镇的健康发展。

2. 特色文化生活

特色小（城）镇是特色产业、文化、社区、旅游等多种复合功能的载体，基础服务设施和文化服务设施的供给已成为小（城）镇居民日常生产生活的必需。然而，在一些特色加工业小（城）镇的培育建设发展过程中，由于特色文化生活服务设施建设滞后，给小（城）镇居民的生产生活带来诸多不便。与此同时，由于这些"居民"分别来自小（城）镇的原居民、务工人员、新居民、旅游者以及参观者等各个方面，对特色文化的需求也是多种多样、各不相同。有的需要保护传统的地方特色文化，有的需要培育开发特色文化产业，等等，这就需要通过开发多样化的文化活动，与多元化的"居民"身份快速地进行融合，既能够满足原居民的需要，又能够及时解决"新居民"的文化生活需求，使其在新型社会空间中能够重新定位自己的文化身份。解决新居民文化生活需求的过程，就是实现特色产业与特色文化融合的过程，就是凝聚产业企业、工作伙伴价值取向的过程，也就是凝心聚力的过程。因此，在小（城）镇的特色文化生活开展过程中，要高度重视激发、强化各参与方对小（城）镇特色文化生活的创新发展，强化对小（城）镇特色文化"产业""项目"的情感共鸣、文化认同、价值认同，进一步强化特色小（城）镇持续健康发展的精神动力源泉。旅游者与参观者则主要因为小（城）镇的特色文化产业（旅游产业）而来，因此对其特色文化活动体验需求要明确，以便于有的放矢，开发出更多适合旅游者以及参观者需要的特色文化活动项目，尤其是物质空间的文化品质和特色文化活动的展现，这是小（城）镇特色文化生活培育建设的重中之重。

3. 特色文化环境

空间环境是特色文化的有效载体。小（城）镇特色文化的挖掘开发建设，需要系统地设计相应的空间环境以承载多样化的特色文化活动，以便于形成风格统一、特色鲜明的文化景观与文化内涵，进一步彰显小（城）镇的特色文化内涵。在特色小（城）镇的培育建设发展过程中，往往会出现历史街区与新建街区的互不协调、城镇功能区与周边环境的互不融合，甚至出现小（城）镇特色文化标志物设计粗糙、文化空间品质不高、特色文化不成体系等诸多问题。因此，在特色小（城）镇的培育建设发展过程中，尤其是在传统特色农耕文化产业（集群）的培育发展过程中，必须要营造建设与其特色传统文化相适应的文化环境，以便于形成浓厚的特色文化氛围和宜业宜居的文化环境，继而吸引更多外商外资来小（城）镇投资开发建设，吸引更多的外出务工的年轻人带着自己的先进技术、先进管理经验以及相应的资金，回到自己的家乡——小（城）镇创业发展，带动家乡父老共同致富，共同推动特色小（城）镇的建设发展。

4. 特色文化旅游

特色文化旅游是特色小（城）镇培育建设发展的主要功能之一，也是服务于当地居民文化生活的主要内容之一。闻名全球的特色小（城）镇的培育建设发展经验借鉴——就是特色产业＋特色旅游＋特色文化的复合发展模式，既依赖于特色小（城）镇经济社会环境的健康可持续发展，也有利于进一步提升特色小（城）镇良好的公关形象。小（城）镇特色文化旅游产业（集群）发展，要充分挖掘科学合理地开发其独具特色的传统农耕文化内涵，形成特色文化旅游产业的上游产业、下游产业以及旁侧产业的有效衔接与集聚；在规划布局以及空间组合方面，还要根据小（城）镇特色旅游活动的社会市场需求进行特色文化展示，设计特色旅游文化活动，形成良好的特色文化旅游空间格局。与此同时，还要根据小（城）镇常驻居民的自身旅游需求以及对环境品质的需求，建设宜业、宜居、宜游的有利于生产生活有序开展的人文环境。特色农业型、特色工业型等特色产业类型的小（城）镇可以根据社会市场需求分地域、分路线、分形式地进行特色文化旅游的培育建设发展，以便于促进小（城）镇富有地域特色的传统农耕文化资源能够及时地转变为强大的特色文化旅游产业经济（集群），继而推动特色小（城）镇经济社会环境健康协调发展。

5. 特色文化生态

在特定地域文化背景下形成并留存至今的人类历史文化及其多样性，是对人类活动历史的纪录和文化传承，这既是地域文化景观，也是地域人文生态系统。它不仅有利于维持人文生态景观系统的多样性与健康可持续发展，也有利于使人类的文化景观更加具有辨识性，即特色。在特色小（城）镇的培育建设发展过程中，地域文化景观的修复与建设就是特色文化生态建设的重要内容之一，只是更侧重于物质文化与非物质文化的显现方式。然而，只有个别特色小（城）镇从景观设计方面予以思考建设。

特色小（城）镇地域文化景观的建设发展主要应从三个方面着手：一是本土文化景观的建设与发展。具体包括：历史上重要时期人们的生产生活方式以及人际交往方式的空间显现，也就是小（城）镇的特色文化空间、历史文化遗迹、古街道、古建筑、水体等物质文化遗产，以及传统文化活动、民风民俗习惯、口述历史手艺等非物质文化遗产。二是外来文化景观的建设与发展，包括现代文化（休闲文化、娱乐文化、现代生活方式等）、旅游文化、西方文化等文化景观的建设发展。三是产业文化景观的建设与发展。因其形式多种多样，目前尚难以统一界定，具体应包括企业文化、企业家精神、工匠精神、创新创业精神、行业理念、产业发展趋势等产业文化景观的开发建设。其中的创新创业精神应是产业文化景观开发建设中的核心文化景观。

旅游类特色小（城）镇的地域文化景观建设应侧重于文化景观的"提升—再造"。处于上升期的旅游类特色小（城）镇应着重抓好地域文化景观的提升和优化，这是因其核心特色优势资源尚未得到全面的开发利用，就是要对现有的物质文化资源以及非物质文化资源的开发利用空间格局进行优化升级，使小（城）镇的文化特色风格更加鲜明，文化内涵更加丰富，文化活动更加多样，文化展示层次更加高端，文化形式与文化品质得到进一步提升，更加能够体现小（城）镇地域特色文化的恢复与关怀，以形成良好的活态人文文化。处于瓶颈期的旅游类特色小（城）镇应着重抓好地域文化景观的再造与更新，包括优势资源已经得到完全开发的小（城）镇、自身优势资源不突出的小（城）镇，这类小（城）镇需要对其文化内涵、旅游产业、产品包装等方面进行重新谋划。例如，根据小（城）镇的原有基础以及社会市场需求趋势，重新塑造一个特色鲜明的主题文化，或者是强力打造一个具有绝对优势的文化活动等，以便借助于某一有针对性的特色主题文化活动或机遇而使处于瓶颈期的旅游类特色小（城）镇焕发青春，进一步延伸其生命周期，仍然成为小（城）镇的特色主导产业。例如，日本熊本县的柯南小镇，中国的慢城——桠溪镇，法国的戛纳小镇，等等。

产业类特色小（城）镇的地域文化景观建设思路——"融合—凸显"。在传统产业类特色小（城）镇的培育建设发展过程中，要重点突出"融合"，融合原居民、新移民、游客等多元化社会市场需求方面产业文化地域景观的多层次性与现代时尚性，拉长延伸特色产业链（集群），进一步提升产业（集群）培育发展的综合实力，使小（城）镇各层次居民的生产、生活、文化以及旅游建设融合发展，协调推进。产业制造类特色小（城）镇的地域文化景观建设要"凸显"创新，要积极学习西方发达国家或地区的先进技术与管理经验，拓展产业制造、研发、总部管理、工业旅游等多样化发展，融合各方文化，凸显创新文化建设。高新科技金融类特色小（城）镇要重点梳理产业发展理念与价值观，开展系列文化活动的空间宣传展示，以便于形成小（城）镇的主流文化价值观，对外形成良好的行业文化形象。创新创业类特色小（城）镇要进一步突出拼搏的"创新创业"文化精神，外在形式风格应多种多样，丰富多彩（刘岚，2019）。

（五）设施服务路径

设施服务不仅要求每一种设施的健全完善以及能够提供上乘的服务质量，而且还要求各种服务设施之间协调配套并形成良好的衔接或无缝对接，以便于提高整个设施服务系统的整体服务效率与质量，为小（城）镇的特色产业发展以及居民的生产生活提供更加便捷更高质量的服务。

1. 交通设施服务路径

特色小（城）镇的交通设施系统，既包括小（城）镇内部的各种类型各个层次的交通运输系统，也包括小（城）镇与其他区域之间各种类型各个层次的交通运输系统。二者必须健全完善，同时还要实现有效的对接。常见的交通运输类型（方式）有：铁路运输、公路运输、航空运输、水路运输以及管道运输，每种运输方式都有其优缺点，在协调特色小（城）镇综合运输结构时，要充分考虑其特色产业发展与社会市场需求状况，以便于因地制宜形成便捷高效的特色小（城）镇交通运输系统。另外，还要使各种运输方式之间实现良好的衔接，甚至实现零换乘，这样才有利于实现便捷高效。例如，特色旅游小（城）镇的交通系统，必须实现"进得来，散得开，出得去"的目的。这就要求旅游小（城）镇内部交通系统与域外交通必须畅通便捷与有效对接，这样才能满足游客的旅游需求，才能实现小（城）镇特色旅游产业（集群）的健康可持续发展。

2. 文教设施服务路径

文化内涵、文化底蕴是特色小（城）镇健康可持续发展的一个重要体现。文化广场、图书馆、体育场等都是提升小（城）镇居民自身素质的必不可少的文体基础设施，不仅使人们在紧张工作之余有相应的休闲去处，也是人们强身健体的重要场所。文体设施的健全完善有利于特色小（城）镇居民劳逸结合、强身健体，提升自身素质，有利于提升特色小（城）镇的文化氛围。教育设施包括幼儿园、中小学校、职业培训机构等方面的建设完善，特色小（城）镇是一个块状经济体，各方面自成体系，教育设施的健全完善不仅有利于小（城）镇居民自身的培训教育与自我提升，而且还有利于解决小（城）镇居民和在职工作人员子女的教育问题，以便于解除其后顾之忧，使其全身心地投入特色小（城）镇的培育建设发展工作中去。

3. 医疗卫生设施服务路径

医疗卫生设施的健全完善是特色小（城）镇复杂的设施服务系统中的一个重要环节。良好的卫生环境有利于提升小（城）镇居民的"精气神"，激发其工作激情与创业创新灵感，进一步提升其工作质量与效率。与此同时，医疗设施保障服务既是小（城）镇居民身心健康的重要保障，也是提升小（城）镇设施服务水平的一个必不可少的环节。

除了上述的交通、文化教育、医疗卫生设施建设发展服务路径之外，小（城）镇的设施服务路径还包括光纤电缆、给排水等其他市政设施的健全完善与服务水平的不断提高。各种基础设施、公共服务设施、市政工程设施之间也必须配套协调。只有各类设施健全配套、协调完善，并实现有效对接，才能为特色小（城）镇居民、游客的生产生活以及特色产业（集群）的培育建设发展提供更加高效与更加便捷的服务（魏风云，2019）。

（六）治理创新路径

结合前文特色小（城）镇培育发展机制创新的论述，其根本目的就在于，坚持走中国特色的社会主义道路，坚持中国共产党的领导，在此背景下，如何能够进一步鼓励特色小（城）镇培育建设发展过程中的多元主体参与，进一步协调参与者各个方面的利益，实现其间的协同与合作。上述特色小（城）镇培育建设发展目标的治理创新路径主要包括以下三个方面。

1. 上下结合路径

"上"从国家层面研读特色小（城）镇的培育建设发展导向。一是从国家政策层面看，特色小（城）镇的培育建设发展是新型城镇化的创新发展模式。2014 年国家以及各省市自治区相继出台新型城镇化规划（2014～2020 年），并取得积极进展，但仍然缺少市场支持，急需新的模式和载体。要有序推进新型城镇化，必须实现城乡之间生产要素的自由流动，实现城市、小（城）镇、乡村之间的系统发展，实现城乡共赢、共进，共同发展。以特色产业发展为核心的小（城）镇培育建设能够有效激活生产要素市场，使政府、企业、社会资本三者构成"命运共同体"，提升大城市、超大城市郊区以及农村地域小（城）镇的自我发展能力，从而以点状形态和创新模式助推新型城镇化。特色小（城）镇既包括原有建制镇的功能地域，也包括新的相对独立的空间载体，它们都是依托特色禀赋优势资源和社会市场需求发展趋势，借助现代科学技术支撑，而培育建设发展起来的新的经济增长区，具有集聚高端生产要素、助力产业转型升级的特色地域文化景观区，具有很大的发展潜力。与此同时，特色小（城）镇还融合了产业、旅游、文化和社区等诸多功能，培育形成一个集产业、投资、人才及服务于一体的上下游产业、旁侧产业链条有机衔接的创业创新文化生态平台，是新时代扩大有效供给、提升供给品质、创新制度供给的新空间。

二是从政府诉求角度看，培育建设发展特色小（城）镇是地方政府获取长效收益的重要抓手之一。政府关心的是特色小（城）镇的培育建设为当地留下了什么特色产业，吸引多少特色企业入驻，创造多少税收，安排多少就业人员，地域特色文化生态景观得到什么样的改善，体制机制产生什么样的创新等多维度的综合效益。

三是特色小（城）镇培育建设发展模式的国家推广。以浙江为代表的诸多地区特色小（城）镇的培育建设发展取得了较好成效，国家层面在提炼其发展模式经验的基础上在全国范围内进行推广，包括：以国家住房和城乡建设部批准的国家级特色小（城）镇试点；以国家发展和改革委员会为主导的"千企千镇"工程；以财政部为主导的 PPP 模式；以国家体育总局为主导的特色体育休闲小（城）镇；以国家林业和草原局为主导的特色森林休闲小（城）镇；以及以国家旅游局、农业农村部、工业和信息化部、国家中医药管理局等部门所推动的专业化特色小（城）镇，如旅游风情小镇、农产品加工特色小镇、农业特色互联网小镇、工业文化特色小镇、中医药文化小镇等。

四是政府视角的特色小（城）镇培育建设发展路径选择原则。包括：因地制宜，审时度势，合理选择发展模式；着眼长远，脚踏实地，精心培育特色小（城）镇；坚持以人为本等。

"下"就是从社会市场需求视角剖析特色小（城）镇培育建设发展的高端生产要素集聚情景。一是基于国家层面的产业政策和发展战略。国家产业政策、发展战略具有较大的超前性，是依据国家乃至全球的经济社会发展趋势以及市场需求趋势考虑对国家的长远发展而进行的科学谋划，具有很强的宏观导向作用，但仍然是一种引导作用，小（城）镇特色产业培育发展必须与国家的产业政策相一致。更重要的是在特色小（城）镇培育建设发展过程中企业是否成为主体，是否具有动力。企业是小（城）镇特色产业培育发展的关键，是提供劳动就业和财政税收的核心，特色小（城）镇的经济社会发展水平与持续发展动能很大程度取决于企业的活力。（1）企业主导特色小（城）镇建设模式。小（城）镇特色主导企业具备强势的产业资源导入能力，既是主要投资商，又是运营商，形成自带产业模式。特色主导企业着重于构建开放平台，强化自身关键服务和完善配套服务体系，其他方面将选择与外部力量合作，形成"借鸡生蛋"模式。特色主导企业多由传统的房地产企业转型而来，通过与产业制造及运营机构深度合作，实现风险共担与成果共享的长期运营机制，形成资源合作模式。（2）社会市场需求决定特色小（城）镇的高端要素集聚。因此，要根据社会市场需求趋势，合理选择确定小（城）镇的区位条件，重点是位于特大城市、超大城市的郊区，"近水楼台先得月"，以获得便利的经济交通等区位优势；位于或毗邻大型旅游目的地，可以获得足够多的旅游人次。

二是具有持续健康发展能力的特色产业禀赋资源优势。特色小（城）镇的土地出让方式不同于传统方式，政府对项目前期的相关策划、规划、预算非常重要，它关注项目开发完工之后小（城）镇特色产业的健康持续发展能力。因此，要真正培育建设发展好小（城）镇，必须要有强势的产业禀赋资源作为核心竞争力，只有踏踏实实地从做好特色产业（集群）着手，建立培育发展具有自身特色资源禀赋优势的、符合社会市场需求发展趋势的产业资源库才是特色小（城）镇培育建设的核心内容。

三是培育生产发展具有可营销的品牌化潜力的特色产品。从社会市场需求视角来看，小（城）镇特色产业的培育建设发展要想获得更大的可持续的价值，必须落脚于能输出的具有品牌价值的特色产品，可以是生产出来的实物，也可以是一个IP，还可以是一种可推广的体验模式，是能够被体验、被感知并具有认同感的。产业禀赋资源优势是特色小（城）镇培育建设发展的灵魂，而特色产品则是由产业生产创造出来的、可以被社会需求市场（以及潜在需求市场）所接纳的成果。这种特色产品可以独立于小（城）镇、以多种形态存在，并能获取可持续的经济效益。与此同时，有认同感的特色产品带有强烈的小（城）镇基因，人们会因为这个特色产品而流连于这个小（城）镇，从而产生二次乃至多次消费，以此形成良性循环，推动特色小（城）镇的健康可持续发展。对于自然、人文资源禀赋优势较高的中西部地区而言，特色小（城）镇的培育建设发展不仅要依托禀赋资源优势，更重要的是将禀赋资源优势梳理转化培育建设发展成为符合社会市场需求趋势的特色产业（集群）以及系列特色产品，构建拥有特色产业（集群）和系列特色产品的小（城）镇，用更丰富的体验手段和新经济模式打造超越禀赋资源的特色产品，而不是停留在禀赋资源优势的小（城）镇。

四是具有能够持续健康运营的主体及运营模式。特色小（城）镇培育建设发展的本质是"营城"，而非"造城"。特色小（城）镇要能够健康可持续发展，必须及时构建具有长久的、持续的市场回报机制。特色小（城）镇建设成型仅仅是"万里长征走完第一步"，更重要的是在以后的经营中能够及时调整改善业态、商业模式、后续资金投入、资本运作等。这就要求，在特色小（城）镇培育建设发展项目落地之前就要综合考虑开发主体、运营主体、投资主体，专业团队的谋划建设，以及完整的产品模式、管理模式和营销模式等诸多方面。

五是合理的资金组织与多元化的投资构架。特色小（城）镇的建设必须以特色产业（集群）培育发展为核心，主张去地产思维，但不能绝对化。一个建设成功的特色小（城）镇，应该是在培育初期就应具备自我造血能力，实现正向的现金流。禀赋资源再好，如果变现能力太弱，将会拖累企业发展。因此，在特色小（城）镇培育建设发展的初期就要做好投入产出分析以及相应的开发策略设计，既要实现长远的特色产业（集群）发展与区域价值最大化，又要满足近期的资金回笼。这就需要合理地组织特色小（城）镇培育建设发展过程中的资金流动，要构建小（城）镇培育建设整个开发周期的现金流模型，根据模型运行以及现实运转的实际情况，针对不同资金的属性进行多元化融资。然而，并不是所有的特色小（城）镇的培育建设发展都能取得应有的短期效益，尤其是文旅类以及农业类特色小（城）镇，其建设发展的收益往往是滞后的。这就需要跳出小（城）镇的范畴从更大区域范围内（县域、市域）进行全局性、阶段性、统筹性的谋划，安排好近期和远期的资金使用和投融资计划，以便于更好地提升特色小（城）镇培育建设发展的质量与效益（张蔚文、麻玉琦，2018）。

2. 总经理制路径

总经理制是一种现代企业管理制度，由股东大会选举董事会，再由董事会推举总经理、副总经理和其他高级职员，总经理会对企业的日常业务进行经营管理，并向董事会负责。企业的生产经营活动由股东大会授权董事会决定，再由董事会授权总经理会具体执行（见图6-3）。

由图6-3可以看出，将总经理制引入特色小（城）镇的培育建设发展过程中，先由小（城）镇居民普选产生一个民主管理机构，根据国家的大政方针政策、法律法规以及上级政府部门的相关要求，负责小（城）镇的发展定位以及谋划相应的培育建设发展方向。在此基础上，由民主管理机构聘用受过专门训练并且拥有丰富管理经验和才干的专家担任小（城）镇的管理者，全权负责小（城）镇的培育建设发展等事务管理。

作为小（城）镇的实际管理者，小（城）镇经理承担的治理职责十分广泛，涵盖特色小（城）镇培育建设发展的各个方面。为了提高治理质量与效率，要严格实施政企分开、职能分离，以便于充分调动企业、居民以及其他城镇建设参与者等各方面的积极性；要积极引入市场机制，以便于充分调动企业的积极性和创造性，使参与小（城）镇培育建设的各方之间实现良性互动；在小（城）镇治理方面，要依法确保公众参与的合法性，要依法依规，公开透明公正，充分保障公众参与权力的落实；此外，还要充分鼓励其他组织与社会成员进行社会监督，充分保障小（城）镇政府权力的"阳光运行"等。

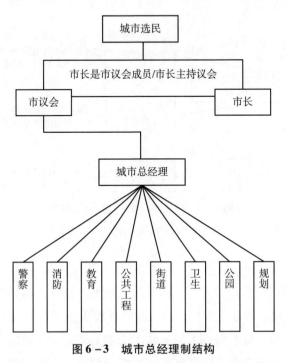

图 6-3 城市总经理制结构

资料来源：张蔚文，麻玉琦. 社会治理导向下的特色小镇治理机制创新 [J]. 治理研究，2018（8）：113-119.

3. 体制创新路径

上述发源于美国的城镇管理总经理制的核心理念已经逐渐在各个国家的政府管理领域达成共识，得到普遍认可，为我国特色小（城）镇的管理体制创新提供了重要借鉴。

（1）决策层面。依据我国 2013 年的"大部制"改革原则以及 2018 年的部委机构调整方案，设立小（城）镇管理委员会，作为决策层面的政治管理机构，由上级党委任命，要在整体性思维、战略性谋划、重大问题决策等方面确保党和政府相关方针政策的贯彻落实。小（城）镇管委会应具有更大的经济管理权与一定的实验权，能够根据实际需要自行设置下属职能部门，明确其具体职能；由各职能部门与小（城）镇总经理办公室共同处理小（城）镇培育建设发展过程中的相关日常事宜（见图6-4）。

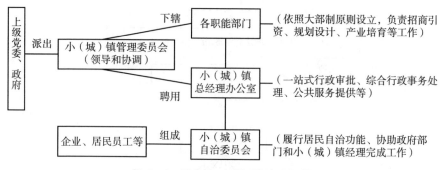

图6-4　特色小（城）镇治理架构

资料来源：张蔚文，麻玉琦．社会治理导向下的特色小镇治理机制创新［J］．治理研究，2018（8）：113-119．

（2）行政层面。设立小（城）镇总经理办公室，具体负责小（城）镇培育建设发展的专业化管理，将行政管理权让位于小（城）镇的职业总经理人。小（城）镇总经理人的数量由管委会核定，一般以5~7人为宜，通过平等协商共同完成日常行政事宜、"一站式"各项行政审批以及全面行政规划工作；协调各职能部门之间的工作；做好政府部门和公众的中间"纽带"等。

小（城）镇总经理人的选拔应侧重于综合能力，包括教育背景、实际工作经验、从业资质等方面；选拔招聘流程要公开、公平、公正、透明；接受岗前以及相应的岗位培训。绩效考核要以其工作满意度为主要指标，以定性考核与专业量化数据考核相结合，并将考核结果作为续聘、解聘、奖惩、流动和提升工资待遇的重要依据。具体应建立小（城）镇总经理人述职等长效机制；成立考核评议小组，对小（城）镇总经理人的执行能力、考勤、绩效等方面定期考核；畅通公众参与渠道。

小（城）镇总经理报酬福利应向职业化方向发展，其工资待遇由市民投票表决确定；明确岗位要求、薪酬待遇和应享受的福利标准，鼓励职员参与政府决策，等。在特色小（城）镇的治理机制改革中，要提前明确岗位要求和薪酬标准，并进行定期考核，与薪酬挂钩，适度提高小（城）镇总经理人的福利待遇；适当拓宽其职业上升通道和职业流动性，以加大岗位竞争力度，不断传播新的工作方法和工作思维。

另外，还要建立全国范围内统一的小（城）镇总经理人平台，负责日常具体工作，提高各项工作效率，培养小（城）镇总经理人的职业归属感、责任感和职业道德，不断提升这一新型职业群体的职业化、规范化水平。

（3）自治层面。激发调动小（城）镇培育建设发展的市场主体和社区主体主动参与的积极性，多主体共同参与小（城）镇的"社会治理"；积极探索各参与主体之间的高效互动机制，使行政、市场、社会等各方力量深度合作；建立"政府＋市场化企业"的联动发展机制，由政府主体和小（城）镇总经理办公室共同主导处理小（城）镇的产业定位、培育规划、审批服务等日常事务、优惠政策争取等各项工作；基础设施、服务设施、市政设施建设的主导权则授权专业开发建设平台。

总的来说，特色小（城）镇培育建设发展的体制创新路径就是有效实施"政府＋市场力量＋社会力量"的联动发展模式，以便于科学合理地谋划特色小（城）镇的培育建设发展规划，激发内生活力，推动小（城）镇健康有序发展。

第七章

特色小（城）镇培育建设发展案例

理论来源于实践，更重要的是指导实践，并在实践中得以提升。特色小（城）镇培育建设发展的理论基础、经验借鉴、机制创新、质效提升目标与路径，必须与实践有机地结合在一起，以便于更好地指导特色小（城）镇的培育建设发展。本章以长沙县果园镇的浔龙河特色小镇的培育发展为例进行剖析说明。

一、区域概况

浔龙河特色小镇位于湖南省长沙县果园镇双河村，地处长沙县中部，距长沙县城、长沙市区以及黄花国际机场分别只有 10 分钟、25 分钟、25 分钟的车程，现有用地构成见表 7 – 1，有户籍人口 1 562 人，呈现出明显的山多、水多、田少、人少的特点（蔡新花，2019）。

表 7 – 1　　　　　　浔龙河特色小镇土地面积构成情况一览

名称	耕地	林地	水塘	宅基地	公共道路	其他	合计
面积（亩）	1 177	6 645	197	573	512	2 472.95	11 584
占比（%）	10.16	57.36	1.70	4.95	4.42	21.35	100

资料来源：湖南省长沙市长沙县果园镇 . 浔龙河生态艺术小镇［EB/OL］. http://www.xunlonghe.net/.

二、发展定位

根据浔龙河特色小镇的区位优势以及自然环境条件、人文资源特点，包括市场需求趋势，特色小镇的培育建设主要以"生态景观农业—旅游产业—生态居住"特色产业为核心，辐射颐养、第二居所、亲子、文创、农业等产业，以 PPP 模式投资城市基础设施建设，以"乡村风貌＋前沿生态"为整体规划理念，以生态旅游为主导产业，培育建设一个既生态环保又原味浓情的乡村特色小镇，以满足当地农民以及都市人的田园生活需求（李蛟龙，2016；沈弦艺、黄诚、陈胥君等，2017）。

三、机制创新

在浔龙河特色小（城）镇培育建设发展过程中的机制创新主要体现在市场机制创新、政府主导机制、农民参与以及类似于总经理制的基层组织管理四个方面耦合创新驱动。（1）市场主体投资。整合政府与市场优势，形成以公司作为投资主体，政府主导推动的投资建设模式。（2）政府主导推动。长沙县人民政府多次召开会议，在浔龙河特色小镇建设用地以及基础设施配套建设等方面予以政策支持，将生态艺术小镇的培育建设列为湖南省两型示范创建项目以及长沙市农业产业化龙头企业、中小河流治理重点项目等，及时解决小镇培育建设过程中遇到的困难问题。并由政府承担相应的基础设施和配套设施建设。（3）农民意愿充分表达。项目最初决策以及建设过程中的重大事项，均要经过村民代表大会表决通过，并按照程序由村委会向上级部门申请报告，最终获得批准实施。（4）基层组织参与决策。实行村企合一，成立协调管理委员会，由企业董事长、双河村第一书记担任主任，以便于充分发挥村企双方在项目建设中的作用（彭成圆、蒋和平，2014；刘百顺，2019）。

四、目标要求

"保护好青山绿水，就能换来金山银山"。在浔龙河特色小镇培育建设发展过程中始终坚持以人为本，牢牢把握"创新、协调、绿色、开放、共享"，确立了"城镇化的乡村，乡村式的城镇"建设目标，改善居住环境，实现土地增收，促进就业增收，完善养老保险，丰富精神文化生活，着重解决民本民生问题（彭成圆、蒋和平，2014）。

五、特色产业培育发展

（一）教育产业核心

教育产业是浔龙河特色小镇培育的核心产业，即，培育建设成为全国最大的综合性研学教育基地。

1. 基础教育

北京师范大学长沙附属学校浔龙河校区，是浔龙河生态小镇启动的集初中、小学、幼儿园各层级教育于一体的综合教育设施，是整个浔龙河教育片区的核心文化教育设施。学校规划 117 个中小学班级，18 个幼儿班，计划招收学生人数约 5 200 人（蔡新花，2019）。

2. 研学教育

以 1.47 万亩原生山林为承载基础，深度融入湖湘文化、湖湘精神，规划、开发不同类型的研学体验产品和体验内容，已获批湖南省中小学生研学实践教育基地、长沙市中小学研学旅行基地。主要由七大园区构成：国防爱国主义文化园、农耕文化园、湖湘民俗文化园、田汉戏剧文化园、生态文化园、亲子文化园、科普文化园。

3. 培训教育

干部培训：湖南省、长沙市、长沙县三级党校教学点，中组部十大全国党员教育培训示范基地教学点，全国村镇干部培训、党员培训基地。人才培训：新型职业农民、农村创客等人才培训。企业家培训：与北京壹方城建立合作关系，围绕特色小镇、田园综合体、乡村振兴等内容展开企业家培训。

（二）生态产业基础

依托小镇得天独厚的自然地理条件，整合棕榈股份、贝尔高林等规划设计院，对浔龙河特色小镇的区域景观进行提质再造，提升生态质量和生态品质；携手长沙县政府、天津绿茵生态共同营造田园综合体。

田园综合体规划面积约 23 000 亩，包括浔龙河村、田汉社区、花果村、杨泗庙社区等四个村域。紧邻田汉大道、宋水线 C 段，与周边田汉文化园、金江湖区域、湘中民俗村、生态园等相关产业按照产业集群理论进行上下游或旁侧衔接串联，交通便捷，地理位置良好。浔龙河田园综合体的功能分区整体上规划为"两区一中心一基地"。

1. "两区"

"两区"也就是指田园综合体的特色农业展示窗口区以及特色农业规模种养区。

2. "一中心"

"一中心"就是指田园综合体内部的特色农业科技研发中心。

3. "一基地"

即，特色农业深加工基地。浔龙河生态产业的定位就是打造第一产业——生态有机农业，第二产业——农产品深加工业，第三产业——三产乡村旅游、研学教育、农村电商等，最终使第一产业、第二产业、第三产业之间实现有效地融合，上下游产业、旁侧产业之间实现有效地集聚，以此建立既能够适应社会市场需求变化趋势又能够充分发挥自身比较优势的特色生态产业体系（特色生态产业集群）。

（三）文化产业灵魂

1. 建筑文化

采用湖湘本土明清时期的建筑风格，白墙黛瓦，干栏式，街衢式建筑群，形成"上有天下有地前有院落后有铺，旁边还分有菜园"的湖湘文化村落，尽显湘人浪漫的建筑情怀与和谐的人文理想。

2. 民俗文化

充分挖掘本土文化元素，成立民间文化艺术团，创作长篇小说《浔龙河传奇》、拍摄《浔龙河》电视剧、撰写《浔龙河村志》、创作《拦花轿》等系列文化节目，小镇共建有四个戏台，举办丰富多彩的特色文化表演活动。

3. 饮食文化

以火宫殿为龙头，聚集湖湘特色美食，打造浔龙河饮食文化品牌。在传统文化上，与湖南日报报业集团、联合利国文化产权交易所、长沙收藏协会、湖南教育专家合作共同打造湖湘文化民间博物馆集群。

4. 田汉文化

果园镇是国歌词作者田汉的故乡，素有"田汉故里，国歌摇篮"的美誉。2017 年 1 月启动田汉文化园项目建设，占地面积 352 亩，由田汉故居、田汉艺术中心、田汉艺术学院、游客服务中心、古戏台、戏剧艺术街等部分组成，以国歌文化作为核心竞争力，以田汉戏剧文化作为品牌影响力，以研学产业作为支撑，推动长沙县全域旅游的发展，打造长沙县乃至长沙市、湖南省的旅游文化名片。引进北京星光集团，合作共建"田汉国际戏剧艺术小镇"项目，占地 2 000 余亩，一期建设田汉艺术城堡、戏剧培训基地、戏剧影视大乐园、戏剧主题酒店、戏剧主题商业街等产业内容和住宅；二期建设国内外戏剧活态体验馆、星光音乐电竞演播厅、戏剧文化体验街、戏剧民宿、国际艺术幼儿园等产业内容和住宅。流转用地主要建设戏剧主题公园、田汉戏剧夜游系统、戏剧音乐广场、戏剧拓展露营基地以及上述建设内容的配套设施。

5. 亲子文化

依托小镇原生态的自然资源，结合湖南卫视金鹰卡通频道丰富的节目IP，以"亲山、亲水、亲子、亲情"为特色，集"吃、住、玩、乐、学、养"于一体，针对 4～18 岁青少年儿童及其家庭打造乡村亲子文化园和青少年素质拓展教育基地。同时浔龙河也是湖南金鹰卡通卫视热点节目《疯狂的麦咭》《嘭！发射》《麦咭嘉年华》《麦咭当厨》的拍摄录制基地。

（四）康养产业配套

以天人合一的哲学思想为理念，打造具有东方气质的康养社区，内部景观端庄大气，并具有地方古韵特色。总建筑面积约 21.2 万平方米，商业配套约 2 280 平方米，住宅约 15.2 万平方米，其中别墅面积约 8 万平方米，叠墅面积约 7.2 万平方米。户数 770 户，人数约 2 500 人。[①]

规划有检测中心、健康管理中心、养生酒店、会议中心，向产业人群

---

① 资料来源：湖南省长沙市长沙县果园镇．浔龙河生态艺术小镇［EB/OL］．http：//www.xunlonghe.net/.

提供高质量医疗服务，包括产业园区普通从业者、办公楼高级工作者，提供体检服务、医疗咨询服务、慢性病管理服务、健康筛查服务、海外就医咨询等。

（五）旅游产业抓手①

以生态旅游产业发展聚拢人气，以生态旅游产业发展促进生态景观农业、生态居住产业等核心特色产业的发展，建设湖南研学旅游综合体，面向各个年龄段的游客，规划开发以湖湘文化为特色的"吃、住、玩、学、购"产品，形成完整的研学旅游目的地产品体系和研学旅游体验（柳中辉，2019）。

1. 吃

火宫殿。集汉族民俗文化、火庙文化、饮食文化于一体的具有代表性的大众场所，火宫殿风味小吃享誉三湘。

好呷街。囊括湖湘 14 个地州市传统特色小吃，臭豆腐、糖油粑粑、擂茶、手工米粉……原生态的食材，全过程制作的透明展示，秉承"土食材、土工艺、土器具"的"三土"理念，让游客体验"看得见的安全、吃得到的健康、品得出妈妈的味道"。

土菜街。汇集湖南各地乡土美食，从红烧土猪肉到干酸菜扣肉，从红烧猪脚到香辣口味虾，从烫锅毛肚到青椒焖土鸭，配备自家鱼塘、果园镇小龙虾和时令蔬菜供给，浔龙一号、红木农家、村民大食堂等"明星店"将乡土、质朴的味道在每一位顾客的舌尖延展，点点滴滴、回味悠长。

浔鲜餐厅。浔鲜餐厅是主打绿色食材的健康餐厅，其食材均来自浔龙河农场原生态种植蔬菜，顾客看得到、吃得到、买得到。精品套餐浔鲜宴、红色宴和浔龙宴，每一口味道都是儿时的记忆。

2. 住

星空木屋（Star Cabin Hotel）。星空木屋酒店，它依山而建，掩映在原始森林中。一期客房总数为 8 间，均以独栋别墅形式呈现，分别为亲子房

---

① 资料来源：湖南省长沙市长沙县果园镇．浔龙河生态艺术小镇［EB/OL］．http：//www.xunlonghe.net/.

月明，双床房星稀，大床房仙踪林、挽清风、璞丽鸟、琥珀云、旭日升和蝶恋花。木屋还带有一楼活动平台，可供聚会聊天、瑜伽练习、小型洽谈等，每间房均采用生态环保木材打造，选址于枝繁叶茂的山林之中，目的在于追求人与自然的最和谐状态。

云田民宿。白墙黛瓦、诗意江南，相比于一般民宿的文艺和小清新，云田民宿恰如其分地将田园阡陌的生活感包含其中。故湘、云素、忆境，三个民宿系列的 25 间客房，将民俗文化和现代居家体验融合，且主题风格不一。故湘客栈古朴典雅，以湘绣故事提取文化元素，每间客房都有自己的个性。云素客栈崇尚极简风，饰物、陈设和装置都是自然之性，一茶一座，颇有禅意。忆境客栈主题为 7080 怀旧风，每一个物件都是记忆的开启和回归，沉淀着满满的乡愁。

地球仓。它是改变传统酒店规划、改变传统建造、改变传统入住模式、改变传统空间体验和改变传统运营管理的移动智能生态酒店，2016年，以"科技与艺术，环保与人文"的创新理念入驻浔龙河，在不破坏一草一木的前提下，因地制宜。一边是大千世界的自然美景，一边是智能科技的时尚便捷，在钢筋水泥的喧嚣之外，给人们一个寄情山水的诗和远方，实现人与自然亲近共融的全新旅居生活方式。

维也纳酒店。以"舒适典雅、顶尖美食、品质豪华、安全环保、音乐艺术、引领健康"为产品核心价值。

3. 玩

甜甜湾自然探索中心。嘉兆国际集团，是国内领先的文旅产业运营商，与湖南棕榈浔龙河生态城镇发展有限公司共同打造浔龙河甜甜湾室内动物城。合计建筑面积 9 504.83 平方米，总投资约 6 000 万元。

"运动不一样"乐园。2018 年，金鹰卡通频道与浔龙河再次联手，齐力打造趣味运动 IP——"运动不一样"亲子主题室内乐园。项目位于浔龙河·印象商业街 S3 栋 3 楼，建筑面积约 5 737.22 平方米。

云田谷。云田谷是让都市亲子家庭和游客体验乡村田园生活的亲子天堂。包括银河护卫队、盗梦空间、立体迷宫等经典麦咭挑战，矮马骑行、攀岩素拓等拓展训练，云庐茶社品茶休闲和工磨坊、小小农夫等农耕体验，为在习惯了各种室内儿童游乐城的亲子家庭提供了一个户外的别样生活成长空间。

樱花谷。中南地区最美赏樱胜地，占地面积 350 多亩，染井吉野、普贤象、御衣黄樱、牡丹樱等 30 多个品种 10 000 多株樱花满树烂漫，在万物复苏的春天，来浔龙河生态艺术小镇体验别样的赏花盛景，沉醉花海春风，堆云叠雪。

农场。20 亩的大舞台、能容纳 200 人的剧院、满足 400 人的野炊厨房、15 亩的体能拓展区和 40 亩的格桑花海，利用农场特征，规划泥浆乐园、荷塘、菜园子和欢乐打谷场，在这里，大人和小孩一起追逐、嬉戏、捉泥鳅、踢足球、划船、喂金鱼、种菜、野炊……让城市的大人和小孩一起寻找快乐并充满田园气息的童年。

4. 购

浔龙河供销社。浔龙河村供销合作社是由集农村基础生活用品、农业生产资料、特色农产品于一体的供销展厅，从田间到餐桌，顾客看得到、吃得到、买得到的绿色浔鲜餐厅，以及 365×24 小时全年无休的 24 小时智能售货店三者组成。

浔龙河智造工厂。2018 年，百年老字号火宫殿、浔龙河长沙县供销社强强联手，合力打造浔龙河自助新零售 IP——浔龙河智造工厂项目，为客户带来社区化的一站式新零售体验。

浔龙隐·连山。位于浔龙河生态艺术小镇腹地，依托山地优势，浔龙隐坡地别墅群落空间丰富，隐于半山、融于自然，居住的舒适性和私密性都恰到好处。山地情景合院、山地情景双排、山地水景合园、山地情景双拼、坡地水景合院等别墅类型多样，面积大小、建筑风格不一而足。超高流转用地配比，用于打造前庭后院的私享领地，形成有天有地的惬意大院生活格局，是浔龙隐·连山最大的特色。

浔龙河·印象。浔龙河商业第一街，位处小镇中心门户，建筑面积约44 813 平方米，承载着小镇"漫游、生态"的核心功能，集文化、旅游、儿童游乐、生态餐饮、非遗技艺及休闲娱乐于一体，打造潇湘慢游休憩商业区。

第八章

特色小（城）镇培育建设
发展政策设计建议

特色小（城）镇的培育建设发展有其自身特点，尤其是要突出自身的"特""小""镇""精"等特点，这也是与其他小（城）镇的区别，其政策设计应有针对性与可操作性。与此同时，特色小（城）镇的培育建设发展地域差异显著，不同类型特色小（城）镇培育建设发展在政策设计方面必须有所不同。通过不同类型特色小（城）镇培育发展过程分析与发展趋势预测，从各影响因子创新及其耦合创新以及质效提升目标路径等方面，提出了特色小（城）镇，尤其是不同类型特色小（城）镇培育发展的政策设计建议，以便于分类引导，推动我国特色小（城）镇健康可持续发展，最终形成大中小城市（城镇）协调发展的科学合理的城市化格局（程响、何继新，2018）。

一、特色小（城）镇培育建设发展总体政策设计建议

（一）立足地方禀赋特色挖掘，科学合理确定发展目标

特色小（城）镇培育建设发展必须立足于地方资源禀赋特色挖掘，特色小（城）镇的地方资源禀赋特色是其时空定位之"魂"。特色小（城）镇如果失去特色就会成为"无本之木"或"无源之水"，与其他一般小城镇就没有差别，甚至呈现出诸多劣势，其发展就会停滞不前，乃至出现倒退。

因此，特色小（城）镇的培育建设发展必须提高传承原生态乡土文化

的认识，深入挖掘其自身资源特色，基于产业基础、时空维度以及社会市场需求变化趋势，探索小（城）镇特色的核心内涵，大力整合小（城）镇的特色资源，根据原有基础、发展潜力、技术含量等情况选择培育形成小（城）镇特色主导产业，并确定特色产业的发展方向、发展目标和建设项目。在符合市场供需变化规律的基础上按照特色小（城）镇的发展目标有序推进相关建设发展工作。在各类特色小（城）镇的具体培育建设发展过程中，要以特色历史文化资源为基础，挖掘建设成为能够展现古镇（或古村落）风貌、古墓遗迹以及以古文化为特色的文化类历史小（城）镇，以纪念历史文化名人、重大（重要）事件为特色的传记类历史小（城）镇，以传承特色非物质文化资源为核心的特色产业类历史小（城）镇，以呈现特色自然资源禀赋以及特色人文景观的风情类历史小（城）镇。也可以基于新时代的特色创意产业特征，构建以特色文化创意新业态体系为主导的特色文化创意产业类小（城）镇，以第一产业、第二产业、第三产业联动转换形成新动能的现代"三产"有效融合特色小（城）镇。还可以基于未来战略性新兴产业属性以及处于超大城市、特大城市、大城市郊区等地理区位优势，构建以重大技术突破为支撑的国家战略新兴产业特色小（城）镇，以及以国家各种新兴政策为试点的战略化产业发展特色小（城）镇。

依据小（城）镇的特色资源挖掘，即，特色小（城）镇的"魂"，在不同时空条件下对小（城）镇进行科学定位，而且这一定位也是一个动态变化的过程，形成不同时空条件下的"型"，以便于形成不同时空条件下的投资运营能力和建设发展目标。因此，真正能够依照国家特色小（城）镇建设目标要求的只是凤毛麟角。究其原因：一是特色小（城）镇的时空定位不科学，规划设计失真，不具可操作性、无法实施；二是培育建设发展主体选择失误，有的沿用传统的固化思维，政府大包大揽，替代了企业、市场的主体主导地位。事实上，在特色小（城）镇培育建设发展过程中可以结合资源禀赋特色、区位优势特色等比较优势，从大城市功能疏解、产业资源特色和城乡服务载体等视角构建特色卫星小（城）镇、特色小（城）镇和特色综合型小（城）镇；也可以根据小（城）镇的局域环境条件特色，培育建设发展"市中镇、市郊镇、镇中镇、园中镇"等各种类型的特色小（城）镇。

与特色小（城）镇"魂""型"相对应的就是其培育建设发展"目标"，包括自下而上的"问题导向"目标以及自上而下的"科学谋划"目标，以便于确定小（城）镇的"志"。正所谓"金无足赤、人无完人"，特色小（城）镇的培育建设发展过程也是如此，理论上可以将小（城）镇的"产、城、人、文"等生产要素有效地融合在一起，以便于发挥更大的效能，实际上却不能做到面面俱到，这就要求不同类型特色小（城）镇在谋划其培育建设发展目标时，要制定高、中、低三个层次目标。高层次的特色小（城）镇培育建设发展目标就是能够带动周边区域经济产业、社会文化、生态环境的协同发展；中等层次的特色小（城）镇培育建设发展目标就是特色产业发展、传统特色产业转型升级、特色产业高端化，与此同时，还能够有效满足社会市场需求的不断高级化，能够有效满足市场消费需求升级；最低层次的特色小（城）镇培育建设发展目标就是改善民生及经济，使特色小（城）镇的建设发展能够取得明显成效，以便与其他小（城）镇在发展方面形成明显的差别。当然，特色小（城）镇的培育建设发展过程是一个循序渐进的过程，是一个由低层次目标实现逐步到高层次目标实现的过程，也是一个有序推进的过程，不能"揠苗助长"。

（二）统筹兼顾生产生活生态，做好特色元素规划设计

在全国各地特色小（城）镇的培育建设发展规划设计中，仍然存在着没有凸显小（城）镇特色元素优势、过于房地产化、对生态空间布局统筹考虑不够等问题，"千镇一面"等同质化现象较为明显，严重影响到特色小（城）镇的健康可持续发展。因此，在立足地方禀赋特色资源挖掘、科学合理确定发展目标的基础上，做好小（城）镇特色因素等方面的规划设计工作，达到"凡事预则立，不预则废"的效果。

科学合理地选择确定特色小（城）镇。在特色小（城）镇培育建设发展的选择过程中，不能"一哄而上"、多头管理推进，要充分考虑小（城）镇的资源禀赋特色优势、交通区位条件优势、历史文化特色优势、经济社会基础优势、科学技术条件优势、生态环境美丽优势等比较优势，还要充

分考虑周边一定地域范围内类似功能特色小（城）镇的布局情况，协调区域行业分布，继而进行综合评价、进行科学合理的选择，以实现特色化、差异化错位协同发展。如距离大城市较远、交通便捷性较差、地处偏远的小（城）镇，如果没有特别突出的历史文化以及其他特色资源禀赋，或者没有相应的社会市场（潜在）需求，特色产业（集群）的培育建设将难以获得健康发展。要及时转变现行特色小（城）镇培育建设过程中集中发展特色旅游业的格局，要依据各地的资源禀赋优势多元化、差异化培育建设发展特色小（城）镇（于水、张琳，2018）。

统筹特色小（城）镇的"三生"融合布局。根据特色小（城）镇的具体情况以及未来社会市场需求的空间变化进行科学的规划设计，合理划分或健全完善特色小（城）镇的"三生"空间布局，以及地上地下一体化规划与综合管廊配置。尤其是要做好小（城）镇的特色产业发展规划，注重特色产业空间分布的层次性与建设发展的阶段性。在小（城）镇特色产业规划顶层设计中，要充分听取产业经济、社会文化、民风民俗等方面专家以及当地民众的意见，通过"上下"联动，加强沟通协调，以确保特色小（城）镇顶层设计决策声音的多元性与合理性，促进"产－城－人－文"有机地融合发展（成海燕，2018；张亮、张贺，2019）。

小（城）镇的规划设计中要有效融入特色元素。特色禀赋资源、特色优质产品、特色宜居环境等特色元素的充分挖掘、有效放大是特色小（城）镇健康可持续发展的关键。在特色小（城）镇培育建设发展的规划设计中，要充分认识到特色元素的重要性，要将本地的特色元素有效地融入其中，以形成特色小（城）镇的重要招牌，从而打造独特品牌影响力，同时还可以有效地避免特色小（城）镇的简单模仿、"千镇一面"等现象的出现，进一步提升特色小（城）镇健康持续发展的竞争力。

落实特色小（城）镇规划实施的保障措施。在统筹兼顾生产、生活、生态融合发展，做好特色元素规划设计之后，还要建立完善特色小（城）镇规划设计有序实施的保障措施，以避免经常出现的规划执行不到位等情形发生，使科学合理的特色小（城）镇规划得以有效落实，避免相应的不规范行为的出现，最终保障特色小（城）镇"三生"融合发展，特色元素规划设计得以顺利实施。

（三）重视主导产业自生能力，推进产业集群高端发展

在充分挖掘小（城）镇禀赋特色资源的基础上，依据社会市场需求变化趋势，培育发展小（城）镇的特色主导产业，尤其是特色主导产业的自生能力培育，以便于形成特色小（城）镇健康发展的核心内容与重要内在动力。实践也已证明，特色主导产业发展是特色小（城）镇永续发展的竞争优势所在，没有特色主导产业发展，特色小（城）镇的发展就会失去竞争力。在小（城）镇特色主导产业培育发展过程中，既包括利用现代技术对小（城）镇传统产业的改造升级，也包括依据小（城）镇特色优势资源和市场需求趋势培育发展的新兴产业，通过特色主导产业的培育发展带动上下游产业、旁侧产业的配套发展，使小（城）镇特色产业（集群）通过自组织作用不断发展壮大。与此同时，要避免仅靠政策支持来培育特色小（城）镇，应主要依靠小（城）镇特色产业（集群）的自生能力，尤其是通过市场力量来培育建设发展特色主导产业，社会市场需求或潜在需求的"厚实"程度是特色小（城）镇能否培育建设成功的关键性决定因素；相关政策支持只是起着一定的引导作用，对特色小（城）镇培育建设能否成功影响有限。因此，在特色小（城）镇培育建设发展过程中，要严格遵循政府引导、企业主体、市场主导的发展原则，以确保特色小（城）镇的健康可持续发展。

特色主导产业选择、特色主导产业逐步高级化在特色小（城）镇培育发展过程中极为重要。一个具有成长发展潜力的特色主导产业，将有利于人口、资本等生产要素向小（城）镇流入集聚，进一步提升小（城）镇的发展活力。要始终坚持宜农则农、宜工则工、宜游则游等原则，挖掘培育发展小（城）镇原有基础好、增长潜力大、成长空间充分的特色主导产业，集中优势力量，将其做强做精，真正成为小（城）镇特色主导产业发展的核心竞争力（成海燕，2018；张亮、张贺，2019）。

（四）积极强化市场主导作用，处理好政府与市场关系

实践证明，在特色小（城）镇的培育建设发展过程中，传统的单纯由

政府主导的城镇建设模式难以走向成功，引入市场机制至关重要。目前在一些地区的政府主导倾向（大包大揽，过度干预）仍然较为明显，对市场力量重视不够，继而导致后续运营压力巨大；对于市场需求情景以及变化趋势预测等市场规律把握不够，所谓的"特色产业（集群）"培育发展得不到市场的有效响应，出现了一些"空镇""鬼镇"，难以吸引人才、资本向小（城）镇集聚，并使资本的流动性减弱，安全性变差，风险性增强，地方政府债务风险急剧增加。

因此，必须厘清政府引导、市场主导、企业主体的边界，尊重市场规律，有序推进特色小（城）镇的培育建设发展。要充分发挥政府的引导扶持作用，并不是要求政府大包大揽，政府要能够充分调动参与建设各方的能动性，营造良好的政务环境、信用环境与营销环境，减少行政对市场在资源配置中的扭曲，努力做到"不缺位""不越位"，避免经济外部性出现，或者使经济外部性及时内部化。要充分发挥市场主导与企业主体的作用，充分发挥企业家精神，充分发挥社会组织以及公众参与的协同监管与服务职责，以特色产业企业发展为主力军，以更加市场化的投融资机制以及运营管理模式来推动特色小（城）镇的培育建设发展。在特色小（城）镇的培育建设发展过程中，要对接具有较强实力的企业（央企、国企和大中型民营企业等），鼓励其独立或牵头建设特色小（城）镇。地方政府部门要进一步解放思想，简政放权，缩减审批程序，下放审批权限，发挥强化特色小（城）镇培育建设发展过程中的规划设计引导、营商环境营造、提供设施服务、加强社会治理等方面的导向作用，统筹安排用地指标，建立健全市场准入机制，使市场真正成为主导、特色企业发展成为主体，政府－市场－企业三者真正成为互补互动互强的有机体，通过其间的良性互动，促进特色小（城）镇健康可持续发展（于水、张琳，2018；张亮、张贺，2019）。

（五）及时地引入社会化主体，大力发展特色产业基金

在特色小（城）镇的培育建设发展过程中，特色主导产业的培育发展、基础设施的健全完善、城镇建设的有序推进都需要大量的持续的工商

资本注入，创新切合特色小（城）镇实际情况的投融资模式，是保障特色小（城）镇建设有持续稳定的资金来源的重要前提。政府的引导作用也说明特色小（城）镇培育建设发展的资金来源不能仅仅依靠政府的财政投入，尤其是一些财政较为薄弱的地区，就更不切合实际，要严格控制政府财政预算投入，要确保财政投资能够发挥"四两拨千斤"的作用，大量的资金来源应该是引入社会化工商资本。一是鼓励央企、上市公司、金融机构等有实力的企业整体进入，承建和运营特色小（城）镇的市政设施和公共服务设施，以便于充分发挥大企业的主体作用；二是通过政府和社会资本的 PPP 合作模式引入社会资本；三是鼓励小（城）镇运营企业积极争取政策性金融资金支持，创新金融产品；四是鼓励引导金融机构加大对特色小（城）镇运营企业的信贷资金支持力度。

然而，金融支持特色小（城）镇的建设发展大多还是延续传统的地产投融资模式，没有将特色产业有效植入，应该及时创新金融支持特色小（城）镇建设发展模式，使小（城）镇的特色产业培育发展与金融创新有效地结合在一起，以避免特色小（城）镇培育建设发展过程中的房地产化倾向。要建立多渠道市场化融资体系，及时设立小（城）镇特色产业发展基金。特色小（城）镇培育建设发展的初衷就是产业转型升级、有序推进新型城镇化的重要抓手，以实现地方产业复兴和发展这一重要目的。小（城）镇特色产业基金公司的核心能力就是优化整合小（城）镇特色产业资源与运营能力，通过基金赋能，打通小（城）镇特色主导产业的上游产业、下游产业以及旁侧产业之间的有效联系，从而为小（城）镇特色产业（集群）的培育发展打下坚实基础（韩振国、扬盈颖，2018；张晓欢，2019）。

（六）文化—产业—社区协同发展，补齐小（城）镇功能性短板

在特色小（城）镇的培育建设发展过程中，特色禀赋资源的充分挖掘是基础，特色主导产业的培育发展是关键，特色文化内涵的凝聚提升是灵魂，生态环境的保护美化宜居是目的。因此，特色小（城）镇的培育建设发展应成为"产－城－人－文"有效融合发展的功能性平台，是一个符合

社会市场需求趋势的具有产业、社区和文旅元素综合协调的创业创新生态系统，特色小（城）镇培育建设发展的重要愿景之一就是构建一个特色化、个性化、时尚化的能够满足未来市场需要的高端产业社区综合体。因此，特色小（城）镇的培育建设发展的前提和基础就是必须具有自身的特色资源优势，以便于把培育发展特色主导产业作为"发动机"，同时还要兼顾文化特色传承、旅游休闲消费、生态环境保护等功能，从而达到"宜居、宜业、优质、宜游"的"四位一体"协调发展的目的。在此过程中，高端优质特色产业的培育发展与优质宜居时尚的社区建设是相辅相成、相互作用的，这是特色小（城）镇培育建设发展过程中人才链、技术链、文化链、生态链的重要组成部分，甚至可以说特色小（城）镇宜居优质宜游社区的建设比产业更重要（韩振国、扬盈颖，2018；张晓欢，2019）。

与此同时，特色小（城）镇的培育建设发展还应该有序补齐功能性短板。"木桶原理"告诉我们，特色小（城）镇培育建设发展过程中功能性短板的配套建设也是至关重要的，否则将成为特色产业培育发展、特色文化传承发展的桎梏。

（七）健全完善技术支撑机制，实现大众创业万众创新

特色小（城）镇的培育建设发展离不开科学技术的有效支撑。与其说特色小（城）镇是一种新型的特色产业生态社区，不如说特色小（城）镇是一个创业人才、骨干企业家、相关专业技术人才等相互交流、相互补充、相互促进的技术研发、合作的平台，这将激发出小（城）镇培育建设发展无穷无尽的活力。以科技创新支撑—特色小（城）镇健康发展—特色文化灵魂铸造—民生环境改善为纽带，推进小（城）镇特色产业转型升级、高端化发展，通过这样一个良性互动机制，推动特色小（城）镇的健康可持续发展。继而实现大众创业万众创新，带动地方经济社会环境健康可持续发展（成海燕，2018；张晓欢，2019）。

（八）鼓励探索强化管理并举，推动土地利用合理高效

在遵循《中华人民共和国土地管理法》《中华人民共和国环境保护法》

《中华人民共和国城乡规划法》等法律法规的基础上，积极探索特色小（城）镇建设用地约束增强背景下，着力通过城镇低效用地再开发、城乡建设用地增减指标挂钩、农村集体建设用地流转租赁、建设用地计划优先安排用地指标等多种方式，加强对特色小（城）镇建设用地的保障。

在符合各层级上位规划的前提下，落实最严格的耕地保护制度和最严格的用地节约制度，划定特色小（城）镇发展边界，避免另起炉灶、大拆大建。尤其是我国的中西部地区，命名的国家级特色小（城）镇本身就是原来的小城镇，要根据特色小（城）镇的发展需要以及控制要求，合理确定用地面积总量。借鉴浙江省特色小（城）镇"创建制"经验，积极探索特色小（城）镇"宽进严定，动态淘汰"的市场竞争机制，以避免一些地方只管前期申报、不管后期发展等问题的出现。通过建立小（城）镇土地利用约束与激励机制，进一步提升土地利用效率（张亮、张贺，2019；范环宇、秦之浩、李元元，2019）。

（九）加强培育建设动态管理，适时进行淘汰更新补充

要进一步健全特色小（城）镇动态发展评价体系，评价指标的选择要注重科学性、差异性、合理性、严谨性，尤其是要考虑小（城）镇的特色内涵、特色产业等特色元素所占比重，通过严格的不同类型的特色小（城）镇的动态考评，以便于及时发现不同类型特色小（城）镇培育建设发展过程中存在的问题，及时进行动态调整、更新补充，继而推动特色小（城）镇健康发展，实现地方经济—社会—文化—生态—科技全方位发展（韩振国、扬盈颖，2018）。

（十）健全完善扶持政策措施，形成有效培育发展合力

特色小（城）镇的培育建设发展离不开良好的政策支持，然而"政出多门"不仅没有形成支持特色小（城）镇培育建设发展的有效合力，反而使特色小（城）镇的培育建设发展无所适从。特色小（城）镇是经济社会发展进入新时代的产物，是新型城镇化的有效载体，属于新生事物，在思想认识等方面难免出现偏差。例如，浙江省"宽进严出"的特色小（城）

镇培育制度，往往容易引起无序申报，一定程度上引起资源的浪费。要及时改变各级政府给予特色小（城）镇政策扶持资金的发放时序，由初期的扶持资金支持更多地改为特色小（城）镇培育验收合格以后的及时奖励。要简政放权，使投资运营主体能够在地方政府的宏观调控下按照市场规律培育建设运营小（城）镇的发展，激发其创新创业活力（唐红蕾、韦震、唐卫宁等，2018；成海燕，2018；张晓欢，2019）。

在特色主导产业选择上，一些小（城）镇的发展规划战略高度不足，从而导致低层次的蜂拥而上和无序发展，前景令人担忧。要通过政策引导，整合区域特色禀赋资源优势，实现特色小（城）镇之间差异化融合发展，培育形成协同共生的特色小（城）镇群，继而推动其健康发展。

二、不同类型特色小（城）镇培育建设发展政策设计建议

由于小（城）镇资源禀赋特色的不同，在其培育建设发展过程中的侧重点也是有所区别的。这里主要对特色工业、特色农业、生态休闲、传统村落文化以及文化创意等类型特色小（城）镇的培育建设发展提出相应的政策设计建议。

（一）特色工业型小（城）镇培育建设发展政策设计建议

特色工业型小（城）镇主要位于大城市的郊区，具有优良的经济、技术、交通等区位优势，这类特色小（城）镇的培育建设发展应着重在高端化、生态化、完备化等方向发展。

1. 特色工业型小（城）镇的特点

（1）高端化。高端化主要是基于特色小（城）镇的经济区位优势，通过特大城市、超大城市专业化分工的进一步细化，充分发挥自身的"近水楼台先得月"以及基础设施完善等优势，使特大城市、超大城市主城区细分出来的特色高端产业要素在此落地，得以培育建设发展。高端产业要素聚集平台搭建主要包括创新平台、政策洼地、保障平台等三种类型（陆勇峰，2018）。

（2）生态化。生态化是高端产业发展的必然趋势，越是高新技术产

业，对资源能源的消耗就越少，排放的废水、废气、废渣就越少，甚至实现零排放，这也是新型工业化以及中国工业到 2025 年所追寻的目标。特大城市、超大城市郊区的特色小（城）镇应是一个功能完备、环境优美、设施齐全的小（城）镇。这类特色小（城）镇要把习近平总书记的生态文明思想融入小（城）镇的培育建设发展过程中，要凭借自身优越的区位优势以及优美的生态环境，尤其是未被扰动的自然生态环境条件，利用生态环境优美这种后发优势，吸引留住更多的优秀人才，使更多的高端企业入驻，使特大城市、超大城市郊区特色小（城）镇的培育建设发展成为我国推动生态文明建设和实现绿色发展的试验田。这类特色小（城）镇的培育建设发展要始终贯彻生态优先、绿色发展理念，要把保护优美的生态本底作为必选项。

（3）完备化。作为特大城市、超大城市郊区的特色小（城）镇，是中心城区相关职能、功能向周边地区疏解疏散的首选地。这类特色小（城）镇要通过就业、养老、医疗、教育等基础设施和公共服务设施的健全完善、留住本地人口、吸引高端人才，引导高端产业入住，推进城乡一体化发展与就地城镇化，逐步实现产（特色产业）镇（小城镇）融合发展。

2. 特色工业型小（城）镇培育建设发展建议

特色工业型小（城）镇的特色工业定位，不能盲目跟风，必须根据自身的大城市郊区区位优势、基础设施优势、劳动力优势、资源储备优势、自然环境条件优势等，进行选择确定；根据生产生活生态有效融合的原则形成系统的产业规划，继而进行培育建设发展。在特色工业项目的选择上，不能"贪多求全"，要集中在一个或者几个工业产业做精做细；要有过硬的产品质量保证，前后向产品专业化生产，与区域、国家乃至全球特色工业链条进行有效对接，以形成良性循环发展态势。与此同时，还要根据社会市场需求发展趋势及时地进行转型升级。例如，法国的内陆特色小镇维特雷，在传统工业受到严重冲击时，为雷恩的标致汽车厂发展机械工业，及时转型；加之奢侈品鞋业以及维特雷城堡旅游业的发展，使其在全球金融危机中仍然保持经济增长态势（刘洪，2016）。

（二）特色农业型小（城）镇培育建设发展政策设计建议

特色农业型小（城）镇的培育建设发展主要包括特色种植业、特色林业、特色牧业以及特色渔业等四种类型。

1. 特色种植业小（城）镇培育建设发展建议

（1）南街村特色种植业小（城）镇。南街村隶属于河南省临颖县城关镇，地处豫中平原，交通区位条件优越，紧靠107国道，西临京广铁路，东临京港澳高速公路。全村3 400余人，耕地1 000亩，总面积1.78平方公里。其村办企业——河南省南街村（集团）有限公司是国家大型一档企业，辖26个公司、厂（队），其中5家合资企业，企业总资产27.9亿元；拥有员工8 362人；年实现工农业生产总值15亿元（郭荣朝，2006）。

（2）南街村特色种植业小（城）镇培育建设发展建议。在南街村特色种植业小（城）镇的培育建设发展过程中应主要抓好以下三个环节：一是在"农"字上大做文章。围绕优势农产品——小麦，形成农业循环经济系统。小麦→麦地田边地埂→种植花椒树等→防止水土流失、培肥土地→利于小麦生长；小麦→麸子配置鸡饲料→养鸡场→鸡粪等→肥田、促进小麦生长。二是围绕农业上工业。小麦（鸡蛋、鸡肉、花椒等）→创建面粉厂、调味品厂、食品加工厂等→形成以面粉（小麦、鸡蛋、鸡肉、花椒等）为原料的龙头产品——方便面、锅巴、啤酒、调味品等系列产品；围绕龙头产品带动旁侧产品——彩印、包装等。三是抢占市场，发展相关产业。利用临颖县城较好的城镇基础设施和紧邻京广铁路、107国道等便利的交通通信条件抢占国内外方便面、锅巴、啤酒、彩印、包装等市场；围绕中国唯一红色亿元村大力发展旅游业，大力发展科技教育，大力推进精神文明建设，等。"南街村"特色种植业产业集群的形成发展过程充分说明了特色种植业产业发展必须实施农工贸一体化、产供销一条龙的集群发展模式，必须将农业产业化、乡镇龙头企业发展、小（城）镇与新型农村社区建设有机地结合在一起，综合考虑，统筹城乡发展，才能形成良好的特色种植业小（城）镇经济社会环境健康协调发展新局面（见图8-1；郭荣朝，2006）。

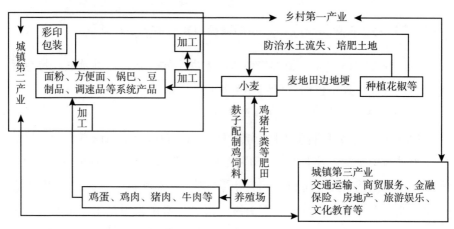

图 8-1　特色种植业（小麦）产业集群发展模式

资料来源：郭荣朝．河南省特色农业产业集群发展模式及应用研究 [J]．湖北农业科学，2016，55（8）：2167-2170．

2. 特色花木小（城）镇培育建设发展建议

（1）鄢陵特色花木小（城）镇。鄢陵县位于河南省的中部，地处亚热带大陆性气候向温带大陆性气候的过渡地带，是南花北移、北花南迁，南北花卉引种、驯化的理想基地，具有天然的地缘资源优势。鄢陵汉初置县，花木栽培始于唐、兴于宋、盛于明清。改革开放以来，该县围绕花木优势产业，积极打造特色产业集群，使鄢陵县特色花木产业得到快速发展（见表8-1；苗长虹、魏也华，2009；郭荣朝，2016）。

表 8-1　　　　　　　　　　鄢陵县花木产业发展过程一览

年份	种植面积（亩）	总产值（万元）	每亩产值（元）	占农业总产值比重（％）
1984	2 505	1 000	3 992	4
1995	21 105	8 000	3 791	6
1998	54 000	34 000	6 296	15
2004	382 005	133 000	3 482	35
2008	580 005	240 000	4 138	40

资料来源：郭荣朝．河南省特色农业产业集群发展模式及应用研究 [J]．湖北农业科学，2016，55（8）：2167-2170．

（2）鄢陵特色花木小（城）镇培育建设发展建议。2008 年，鄢陵县花木产业种植面积已达 580 005 亩，占全县耕地面积 61%，创产值 24 亿元，占全县农业总产值的 40%。花木专业村已由原来的 4 个发展到 122 个，花木专业户达 1.8 万户，种植品种由原来的 400 多个发展到 2 300 多个，花木企业由 1959 年的 1 家国营园艺场发展到 2008 年的各级、各类企业 577 家，其中 38 家具有国家颁发的二、三级园林绿化资质证书。花木从业人员在 10 万人以上，花木年生产能力达到 13 亿株（盆），已形成绿化苗木、盆景盆花、鲜花切花、草皮草毯 4 大系列产品，产品行销我国 27 个省份，成为我国最大的花木生产销售集散地，先后被国家林业局、中国花卉协会命名为"全国花卉生产示范基地""全国重点花卉市场"和"中国花卉之乡"，鄢陵县花木特色产业集群已形成以龙头花木企业为核心，花木产品研发、花木销售中介、花木生态休闲旅游、花木会展等产业良性互动、协调发展的良好局面，实现了花木产业与第三产业的有机衔接，但仍需向高端化发展，以便于进一步提升花木特色产业集群发展的质量效益（见图 8 - 2；苗长虹、魏也华，2009；郭荣朝，2016）。

3. 特色畜牧业小（城）镇培育建设发展建议

（1）特色畜牧业小（城）镇。畜牧业的健康持续发展对稳定农村经济、提高人民生活水平、增强国民素质具有重要作用。目前我国畜牧业发展仍处于分散的"小而全"的传统养殖阶段向规模化、专业化、工厂化、产业化的商品经济阶段的过渡阶段。河南不仅是我国重要的粮食生产核心区，同时也是我国重要的畜牧产品生产大省。目前已涌现出双汇集团、华英集团、大用集团、永达集团等一大批国内外知名企业，生猪和肉禽加工业在国内处于领先水平。河南省根据各地的资源禀赋优势已规划建设现代生猪产业优势集聚区、现代奶业优势集聚区、现代肉牛产业优势集聚区、现代家禽产业优势集聚区、现代肉羊产业优势集聚区等，推出南阳新野科尔沁肉牛特色产业集群、三门峡雏鹰生猪特色产业集群和许昌襄城生猪特色产业集群等畜牧业特色产业集群建设试点，对推动河南省畜牧养殖业转型升级和特色畜牧业产业集群发展具有重要的示范作用（郭荣朝，2016）。

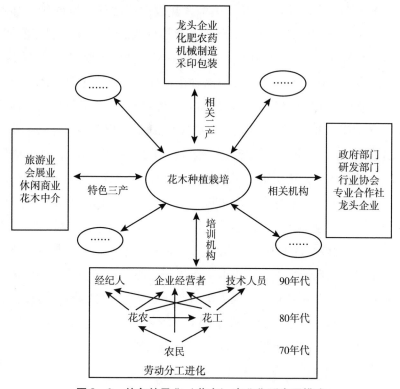

图 8 - 2　特色林果业（花木）产业集群发展模式

资料来源：苗长虹，魏也华. 分工深化、知识创造与产业集群成长——河南鄢陵县花木产业的案例研究［J］. 地理研究，2009（7）：853 - 864.

（2）襄城特色畜牧业小（城）镇培育建设发展建议。襄城县位于河南省中部，处于伏牛山脉东段，地势西高东低，中南部接黄淮平原。襄城县根据自身地理优势，依托华多农牧有限公司等龙头企业，规划建设襄城生猪特色产业集群。该产业集群位于伏牛山南麓，以紫云镇为核心区，东西长 10 余公里，总规划面积 36 平方公里，辐射湛北、山头店、十里铺、茨沟、库庄、王洛六个乡镇，控制区域 457 平方公里，力求通过对华多农牧有限公司等龙头企业培育，带动周边乡村 6 000 个中小规模猪场发展，实施集散为整、统一管理，首先形成以生猪养殖为核心，以沼气为纽带，畜牧业、林果业（各种林木、有机林果等）、种植业（有机蔬菜、有机粮食等）等农业内部一体化集群发展模式。其次是发展畜产品加工业等，与第

二、第三产业有机衔接，形成以生猪养殖为核心的农工商贸协同发展的生猪养殖特色产业集群（见图 8 - 3；郭荣朝，2016）。

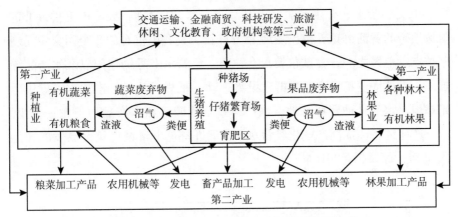

图 8 - 3　特色畜牧业（生猪）产业集群发展模式

资料来源：郭荣朝．河南省特色农业产业集群发展模式及应用研究［J］．湖北农业科学，2016，55（8）：2167 - 2170．

4. 特色渔业小（城）镇培育建设发展建议

（1）特色渔业小（城）镇。渔业发展在保障粮食安全、增加农民收入、促进生态文明建设、提高人民生活水平以及乡村振兴等方面具有重要作用。改革开放以来，河南省渔业生产快速发展，已形成"正宏"牌黄河鲤鱼、薄山湖松针鱼、南湾鱼、丹水鱼、鸭河鱼等名优品牌水产品。已规划建设沿黄河两岸无公害黄河鲤鱼产业区，豫南青虾、黄河中华鳖、黄鳝产业区，豫西南银鱼、金鱼产业区，沿淇河的绿色淇河鲫产业区，豫北黄河泥鳅产业区，黄淮河蟹产业开发区等，进一步推进渔业特色产业集群发展。通过稻田种养新技术示范工程、现代渔业健康养殖标准化示范工程、水库生态渔业建设工程、水产良种工程、水生生物资源养护和生态环境修复工程、科技创新提升工程、水产加工增效工程、水产品质量安全保障工程、水产物流及信息体系建设工程、现代都市渔业示范工程等十大工程项目建设，进一步推动河南省渔业发展与第二产业、第三产业进行有效衔接，逐步形成渔业特色产业集群（郭荣朝，2016）。

（2）郑州沿黄渔业特色小（城）镇培育建设发展建议。郑州沿黄渔业特色产业集群，是以黄河鲤鱼养殖带为核心，延伸至水产品健康养殖业、精深加工业、观光休闲业为一体的特色产业集群，包括沿黄河的中牟、巩义、荥阳、金水和惠济5县（市、区）。目前，荥阳市王村镇沿黄滩涂地带的黄河鲤鱼养殖已发展15 000亩，是我国仅有的2个国家级无疫区重点示范区之一，尝试鱼塘水上种菜、鱼塘水上垂钓休闲以及水产品深加工。沿黄渔业特色产业集群建设将带动一批规模化、标准化水产健康养殖基地、水产良种繁育基地、水产科技示范园区和水产品加工龙头企业，拉长产业链条，提高产业化经营水平，促进特色小（城）镇健康发展（见图8-4；郭荣朝，2016）。

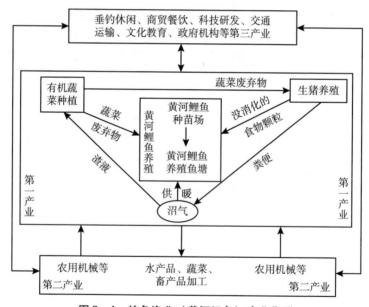

图8-4　特色渔业（黄河鲤鱼）产业集群

资料来源：郭荣朝. 河南省特色农业产业集群发展模式及应用研究［J］. 湖北农业科学，2016，55（8）：2167-2170.

（三）　生态休闲型特色小（城）镇培育建设发展政策设计建议

1. 生态休闲型特色小（城）镇

生态休闲型特色小（城）镇的培育建设发展主要经历了 1.0、2.0、3.0 三个阶段。

1.0 版生态休闲型特色小（城）镇。该阶段特色小（城）镇的培育建设发展主要依赖于自身禀赋的景观优美的自然生态环境，继而挖掘开发形成生态环境优美的森林小（城）镇等。

2.0 版生态休闲型小（城）镇。随着经济社会发展水平的不断提高，专业分工进一步细化，生态休闲型特色小（城）镇的发展逐步融入现代科技、时尚文化、人力资源等各种各样的高端产业要素，进一步发展成为"生态＋科技"型特色小（城）镇；继而随着人的创造性、能动性的充分发挥，使特色小（城）镇培育建设发展成为"生态＋科技＋人力"型特色小（城）镇，即，2.0 版生态休闲型小（城）镇（见图 8−5）。

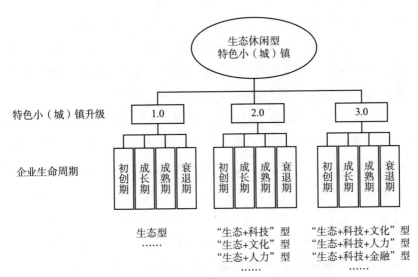

图 8−5　生态休闲型特色小（城）镇升级示意

资料来源：郑飞鸿，田淑英. 生态型特色小镇升级与可持续发展的路径与保障［J］. 安徽农业大学学报（社会科学版），2019（3）：51−57.

3.0 版生态休闲型小（城）镇。随着创新要素不断导入特色，特色小（城）镇集聚了更多高端生产要素资源，最终使其成长到特色小（城）镇3.0 阶段，乃至4.0 阶段。3.0 版生态型特色小（城）镇更加强调创新要素，以形成特色产业系统为目标，把文化创意、研发成果、体验应用融为一体，继而构建起一个共享知识创新网络平台（郑飞鸿、田淑英，2019）。

2. 生态休闲型特色小（城）镇培育建设发展建议

在生态休闲型特色小（城）镇培育建设发展过程中，应及时采取以下对策措施：一是牢固树立创新发展意识，实现"生态"与"产业"的有效融合与转化，即，"生态产业化""产业生态化"以及二者的有机结合。这就需要聚集大量高端创新要素，不断形成创新生态圈，积极开展技术、业态、管理以及体制机制等方面的创新活动，将特色生态产业与创新要素有效地融合在一起。把"生态＋产业"应用到特色小（城）镇培育建设发展的各个领域，最终实现"生态—经济—社会"的健康协调发展。

二是增强"三生融合"发展意识，将特色小（城）镇培育建设发展成为生态宜居样板。要依托风景优美的生态环境资源，实现"山—水—田—林—路—建筑物"的协调统一，特色小（城）镇的培育建设发展不仅要保持自身的原生态，还应注意景观风貌的营造，形成整体风格协调统一的生态宜居样板。通过"三生融合"，实现"产业－城镇－人文"的一体化融合发展，推动生态休闲型特色小（城）镇的转型升级。

三是立足生态资本优势，坚持绿色发展，充分发挥特色小（城）镇的绿色发展"潜能"。在生态型特色小（城）镇培育建设发展过程中，要充分发挥其生态资本比较优势，将生态资本与现代科技、社会文化、人力资源、金融资本等高端生产要素有机地融合在一起，实现"生态—生产—生活—科技"的有机结合，培育发展形成生态休闲型特色小（城）镇的升级版——3.0 版、4.0 版……最终实现生态—产业—社会—城镇的健康协同发展（郑飞鸿、田淑英，2019；秦成逊、王荣荣，2019）。

（四）传统村落文化保护型特色小（城）镇培育建设发展政策设计建议

1. 传统村落文化保护型特色小（城）镇

古村落，学名为传统村落，即，民国以前所建的村落。传统村落是我国农耕文明时代留下的最大遗产，兼具物质文化遗产与非物质文化遗产互为融合依存特性，是农村地区社会构成的最基层单位，是生产与生活的基地，不仅包括各种非物质文化遗产，还有大量独特的历史记忆等。因此，在城市化快速推进的现当代社会，传统村落资源的开发利用在特色小（城）镇培育建设发展的实践中具有重要意义。

2. 传统村落文化保护型特色小（城）镇培育建设发展建议

（1）吸收借鉴成功经验。英国等西方发达国家在传统文化以及古建筑的保护开发利用中积累了丰富的经验，制定了相关的法律法规，并予以严格落实。例如，对建筑时间超过 50 年的古建筑，全部纳入国家的保护范围，由国家统一提供资金进行修缮保护。与此同时，还要吸取失败案例的教训。例如，在"文化大革命"时期的"破除四旧"运动，拆除了大量的历史文物古迹，使我国的传统文化遭到了极大的冲击。因此，在今后传统村落文化保护型小（城）镇培育建设发展过程中，要聘请历史学、建筑学、民俗学、考古学、管理学、经济学、环境工程学等方面的专家学者以及有经验的专业运营组织，进行实地踏勘、调查研究、村民访问，制订出科学合理的切实可行的培育建设开发方案，以避免出现大的决策失误。

（2）健全完善法规制度。在传统村落文化保护开发方面，要充分发挥政府的引导作用，健全完善相关的法律法规制度，以确保开发项目与传统村落文化变化传承相吻合。尤其要充分发挥政府财政资金"四两拨千斤"的导向作用，带动众多工商资本以及社会资金参与到传统村落文化保护型特色小（城）镇的培育建设发展中，修缮保护在先，开发利用在后。

（3）强化基础设施建设。农村基础设施、公共服务设施薄弱落后。因此，传统村落文化保护型特色小（城）镇的培育建设发展的首要问题就是完善农村的基础设施与公共服务设施。首先，要修建道路，并形成一定规模的路网。其次，要完善公共服务设施。最后，要推进"公厕革命"，建设生态环保设施，建立生态环保监督机制；等等。

（4）开发利用传统村落文化资源。采用"政府引导，企业主体，市场主导"的开发模式，引入 PPP 投资机制筹措开发资金。通过企业运营方式将属于村民的传统村落统一整合起来，根据不同历史时期、不同建筑风格以及不同建筑工艺的修缮要求，统一修缮标准，以确保传统村落风格的统一性与协调性。也可以分阶段、分步骤地推进传统村落文化的开发建设。在传统村落文化保护开发利用过程中，涉及多个利益主体，要按照不同利益主体（利益相关者）的投入比例，制定公平合理的利益分配机制。

（5）培育发展附加产业。以传统村落文化保护开发为依托的特色小（城）镇的培育建设，离不开食宿、交通、旅游小商品等相关附加产业的支持。与此同时，还要进一步借鉴日本合掌村等地的开发经验，结合当地的文化与特产，积极发展一些既能保护传统村落文化又能满足游客参与体验需求的民宿等体验项目，能够立体地展示传统村落文化魅力，因地制宜地培育发展高附加值产品。同时，还可以引导外出务工人员回乡创业，增加农民收入，有序推进乡村振兴。

（6）建立综合转化机制。传统村落文化保护开发的目的是多元化的，包括文化传承、经济发展、社会进步、生态美丽等诸多方面。其间又可以相互转化、相互促进。传统村落的文化保护开发，促进了特色小（城）镇经济发展，引起人们对传统村落文化的关注，使人们更多地了解传统村落文化的价值与魅力。通过传统村落文化保护表达机制、创新传承机制、综合转化机制构建，以便于更好地保护开发利用传统村落文化资源，推动特色小（城）镇的培育建设发展（吴剑豪，2019）。

（五）金融商务型特色小（城）镇培育建设发展政策设计建议

金融商务型特色小（城）镇主要位于特大城市、超大城市的郊区，具有优良的经济、技术、交通等区位优势。

1. 金融商务型特色小（城）镇

2011 年上海市奉贤区成为"上海金融产业服务基地"试点之一；2013 年提出建设"上海金融小镇"；2016 年"上海金融小镇控规修编"获得上

海市批复。其培育建设发展侧重于以下几个方面：（1）规划的功能分区科学合理，交通便捷；坚持生态优先，实现自然禀赋与金融产业的有机融合。（2）坚持服务设施配套先行，包括超五星级酒店、国家级会议中心以及商业街、住宅、学校等方面的配套建设，使"生产、生活、生态"有机地融合在一起。（3）吸引众多金融机构入驻，集聚金融产业，促进产业与金融、金融与科技、金融与双创之间的有机衔接，吸引一批高端金融人才集聚，探索金融服务功能（上海市金融服务办公室，2017）。

2. 金融商务型特色小（城）镇培育建设发展建议

金融商务型特色小（城）镇要根据超大城市的国家乃至国际地位（国家乃至世界的重要的经济中心之一），审慎地选择确定，要做到少而精。根据金融商务型特色小（城）镇的定位，进行科学合理的规划设计，事关超大城市金融服务功能的进一步发挥，事关国家乃至世界的经济健康发展。基础设施、公共服务设施必须配套完善，以便于为高端金融商务人才提供更好的服务。做好长远谋划，与超大城市的金融中心错位发展、互补发展、互促互进，形成灵活的体制机制，使绿色、智慧、人文有机地融合在一起。

（六）特色文化创意型小（城）镇培育建设发展政策设计建议

1. 特色文化创意小（城）镇

创意在英文中尚没有相对应的概念（Creativity、Idea 有时被译为创意，但 Creativity 的英文原意是创造性，Idea 的英文原意是主意、概念、思想、念头、计划、打算等，与创意有明显差异）。创意的中文内涵有静态与动态之分。静态创意是指有价值的可行的新主意，动态创意是指能够产生（有价值的可行的）新主意的思维。

特色创意产业集群发展模式，是指人类突破原有的或传统的行为模式，从个人创造力、技能和天分中获取发展动力，以及通过对知识产权开发创造潜在财富与就业机会的发展活动。特色创意产业集群发展模式主要包括手工艺品、建筑艺术、表演艺术、环境艺术、古董市场、工艺设计等特色产业群体的集群发展模式（见图 8 - 6；李学鑫，2010）。

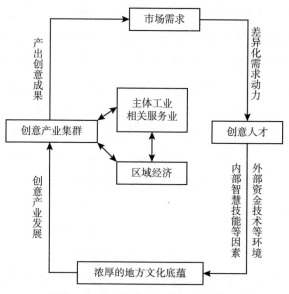

图 8-6　特色创意产业集群发展模式

资料来源：郭荣朝．"南街村模式"与农村经济可持续发展［J］．农业经济，2006（1）：31-32.

河南省地处中原地区，历史文化源远流长，农村手工艺等非物质文化资源极为丰富，以手工艺技术开发为主的特色创意产业集群发展潜力巨大，已涌现出南阳市石佛寺镇的玉雕特色创意产业集群、开封市朱仙镇的木版画特色创意产业集群、驻马店市罗店镇的麦草画特色创意产业集群、商丘市民权县工公庄村的画虎特色创意产业集群等（李学鑫，2010）。

2. 特色文化创意小（城）镇培育建设发展建议

石佛寺镇隶属于河南省镇平县，是住房和城乡建设部于 2017 年公布的第二批国家级特色小（城）镇，先后荣获河南省特色文化产业乡镇、全国特色景观旅游名镇、国家文化产业示范基地、中国人居环境范例奖等荣誉称号。石佛寺镇是全国最大的玉雕加工生产销售集散地，有"中国玉雕之乡"之称。该镇的玉雕文化起源于 4 000 年前的新石器时代，群众玉雕技艺精湛，出生于石佛寺镇大仵营村的仵应汶先生的玉雕作品先后获得"百花奖"等多种奖项，被陈列于北京人民大会堂以及法国博物馆，被授予中国玉石雕刻大师等荣誉称号。加之地方政府的科学谋划、政策引导、市场规范，个体、企业乃至集群的极强的吸收学习能力，以及集群内外部市场环境优化等，使石佛寺镇玉雕特色产业集群得到不断地发展壮大（见图8-7）。

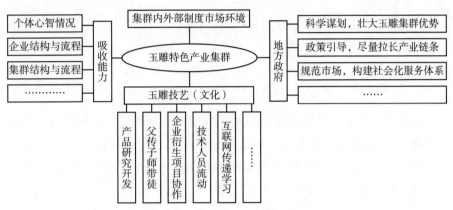

图8-7　石佛寺特色小（城）镇玉雕产业集群发展模式

资料来源：作者自绘。

由石佛寺镇特色玉雕产业（集群）的培育发展过程可以看出，自身禀赋的特色优势资源的充分挖掘——玉雕技艺的有序传承以及底蕴深厚的玉文化的发扬光大，是玉雕特色产业集群培育发展的关键（基础）；地方政府的有序引导是石佛寺镇玉雕特色产业集群健康发展的保障；个体、企业以及集群的吸收学习能力是玉雕特色产业集群不断优化升级的前提；公平、公正、有序的市场环境是玉雕特色产业集群健康发展的不竭动力。只有这些方面的有机耦合，才能促进特色小（城）镇的生产、生活、生态有效融合，经济—社会—环境协调健康可持续发展（李学鑫，2010）。

第九章

结论与讨论

特色小（城）镇的培育建设发展是我国实施新型城镇化战略与乡村振兴战略的重要抓手，不仅需要一定的经济社会—文化科技—生态环境基础，而且还必须与社会市场消费需求发展趋势相吻合，与区域经济社会发展水平之间有着密切的联系。

一、结论

（1）特色小（城）镇培育建设发展的机制创新与质效提升研究具有重要意义。国内外专家学者，尤其是西方发达国家或地区的专家学者，对小（城）镇的培育建设发展进行了较为全面的研究，主要侧重于小（城）镇的战略地位、发展现状、影响因素、评价体系、存在问题、市民化意愿、发展模式、发展趋势、经验启示、发展策略、规划设计等方面。然而，有关我国新时代特色小（城）镇培育建设发展的机制创新、质效提升等方面的系统研究成果则较少。因此，特色小（城）镇培育建设发展研究不仅具有重要的学术价值，而且还具有重要的实践价值以及重要的示范带动和品牌战略意义。

（2）特色小（城）镇培育建设发展的理论基础。新时代对特色小（城）镇的培育建设发展提出了更高的要求，需要经济—社会—环境的耦合健康协调发展。因此，特色小（城）镇的培育建设发展首先必须突出自身的资源禀赋特色优势，严格遵循劳动地域分工理论和产业集群理论，培育建设发展能够充分发挥自身特色优势，符合社会市场需求趋势的特色主导产业集群。与此同时，还必须遵循生态学原理和可持续发展理论，遵循自然规律，这是特色小（城）镇培育建设发展的前提条件。"绿水青山就是金山银山"，良好的生态环境是特色小（城）镇宜居宜业宜游的前提和基础。

（3）特色小（城）镇培育建设现状特征。我国特色小（城）镇的培育建设发展取得了一定的成绩。目前，已经初步形成了生态休闲型、特色农业型、特色文化型、商贸物流型、运动休闲型、特色工业型、信息技术型、文化创意型、企业总部型、金融商务型等各种各样的特色小（城）镇，相继经历了酝酿勾画、探索实践以及推广整合等三个阶段。特色小（城）镇的培育发展重点要突出自身的禀赋资源优势，培育发展特色产业，促进特色产业转型升级，完善配套基础设施，密切关注社会市场需求变化趋势，保护小（城）镇的特色风貌。当然，资源禀赋、地形地貌、区位条件、产业发展、人口数量、基础设施、政策制度、传统文化、科学技术、信息设施，以及城镇化水平、经济发展水平和社会需求水平等因素，对特色小（城）镇的培育建设发展都将产生重要的影响作用。

总体上来看，我国特色小（城）镇培育建设发展的地域差异较大，大城市郊区入选较多，以特色旅游产业为主，入选者认可度较高，非物质文化传承职能较为突出。从特色小（城）镇的经济发展方面来看，GDP 总量、居民收入、公共财政差异较大，投资建设冷热程度极不均衡。从特色产业发展方面来看，产业类型多样，不够聚焦；以特色传统产业为主，竞争力不强；就业总体情况较好，但分布不均。从建设特征方面来看，人口规模、建成区面积的地域差异较大，机构设置率较高，实际效能有待检验；欠发达地区的基础服务设施有待提升。然而，在我国特色小（城）镇的培育建设发展过程中，仍然或多或少地存在着管理主体多元，主体责任不清；竞相下发通知，缺乏统一标准；政策共性有余，地方个性不足；特色定位失准，主导产业模糊；整体规划滞后，实施前景欠佳；资源整合不畅，功能叠加不足；运营模式落后，人才"留""引"困难；投融资渠道少，整体开发不佳；市场主导不强，政府"大包大揽"；房地产化倾向，"摊大饼"式发展；政府观念待转变，扶持力度欠缺；基础设施待完善，宣传力度不足等问题，有待于进一步研究解决，以促进特色小（城）镇的健康可持续发展。

（4）特色小（城）镇培育建设发展的经验借鉴。他山之石可以攻玉，西方发达国家或地区在特色小（城）镇培育发展过程中积累了许多成功的经验，为我国特色小（城）镇的培育建设发展提供借鉴。①日本经验。日本在小（城）镇的培育建设发展过程中，特别注重地方禀赋特色资源的运用，尤其是对特色文化资源予以充分利用，资源平庸的小（城）镇则放大资源利用效应，没有资源的小（城）镇则"无中生有"进行利用，以形成各具特色的小（城）镇。②德国经验。德国将小（城）镇划分为大都市依托型、网络节点型以及孤点分布生态型等三种类型，其培育发展经验包括：因地制宜，突出自身资源禀赋特色；企业的积极主动参与，成为小城镇建设发展主体；市民、其他非政府组织的参与，更加有利于小城镇的组织管理。③英国经验。英国是世界上最早进入工业化的国家，霍华德依据英国当时所面临的"大城市病"等问题，提出了"田园城市"概念，主张树立城乡融合理念，对小（城）镇进行科学规划与设计，把独特的产业作为"田园城市"的支撑。英国及时出台各种政策，注重小（城）镇的文化保护、品质提升、特色培育与可持续发展。④美国的精简集约型。美国小（城）镇的公共基础设施建设资金来源于联邦政府、地方政府和开发商，三方各负其责、各司其职。在小（城）镇的规划建设过程中，尽可能地满足人们的生活需要，充分尊重和发扬当地的生活传统，最大限度地绿化和美化环境，塑造城镇不同的特点和培育有个性的城镇。美国在特色小（城）镇培育建设之初，就非常重视小（城）镇特色，追求个性；非常重视小（城）镇环境建设，以便于形成可持续发展的社会经济环境。⑤丹麦、法国、瑞士、意大利等其他发达国家以及我国的经济发达地区，在小（城）镇的培育发展中积累的经验包括：政府引导是特色小（城）镇培育建设发展的前提；社会需求是特色小（城）镇培育建设发展的关键；特色产业支撑是特色小（城）镇培育建设发展的基础；因地制宜是特色小（城）镇培育建设发展的本质；以人为本是特色小（城）镇培育建设发展的核心。

（5）特色小（城）镇培育建设发展的机制创新。特色小（城）镇的培育建设发展受多种因素影响，在其健康发展过程中，既需要对小（城）镇自身的资源禀赋优势进行充分挖掘，尤其是文化遗产的挖掘，更新思想观念，培育发展特色产业；与此同时，也需要抢抓国家新型城镇化战略、乡村振兴战略实施机遇，突破壁垒机制，创新治理体制等。只有实现了各影响因子创新及其之间的耦合创新，才能推动特色小（城）镇的健康可持续发展。

（6）特色小（城）镇培育建设发展的质效提升。特色小（城）镇培育建设发展的最终目标就是实现其质量提高和效益提升。依据特色小（城）镇的现状分析评价、机制创新情景和发展趋势预测，借鉴日本、德国、英国、美国等发达国家以及我国发达地区特色小（城）镇培育建设经验，从产业业态特色鲜明、生态环境美丽宜居、传统文化彰显特色、设施服务便捷完善以及体制机制充满活力等方面构建了特色小（城）镇培育建设发展质效提升的目标体系，从产业特色、金融支持、生态建设、传统文化、设施服务以及治理创新等方面提出了特色小（城）镇质量效益提升的实施路径。

（7）特色小（城）镇培育建设发展的案例分析。浔龙河特色小（城）镇依据自身禀赋资源优势以及社会市场需求变化趋势，明确按照建设"城镇化的乡村，乡村式的城镇"的目标要求推进特色小镇建设，以生态产业为基础、教育产业为核心、文化产业为灵魂、康养产业为配套、旅游产业为抓手，实现"景观农业＋旅游产业＋生态居住"的有机结合；通过市场机制创新（投资主体）、政府主导机制创新（转换政府角色，提供政策支持，做好服务工作，尤其是做好基础设施的配套建设服务工作）、农民意愿充分表达（群众的积极参与）以及基层组织参与管理等四个方面耦合创新驱动，推动着特色小镇的健康可持续发展。

（8）特色小（城）镇培育建设发展政策设计建议。具体包括：①总体上的政策设计建议——立足地方禀赋特色挖掘，科学合理确定发展目标；统筹兼顾生产生活生态，做好特色元素规划设计；重视主导产业自生能力，推进产业集群高端发展；积极强化市场主导作用，处理好政府与市场关系；及时地引入社会化主体，大力发展特色产业基金；文化—产业—社区协同发展，补齐小（城）镇功能性短板；健全完善技术支撑机制，实现大众创业万众创新；鼓励探索强化管理并举，推动土地利用合理高效；加强培育建设动态管理，适时进行淘汰更新补充；健全完善扶持政策措施，形成有效培育发展合力。②不同类型特色小（城）镇培育建设发展政策设计建议。一是，特色工业型小（城）镇，要依据自身禀赋优势进行特色工业定位；根据"三生"融合原则做好产业规划，继而进行特色小（城）镇培育建设发展；在特色工业项目的选择上，不能"贪多求全"，要集中在一个或者几个工业产业做精做细；要有过硬的产品质量保证，前后向产品专业化生产，与区域、国家乃至全球特色工业链条进行有效对接，以形成良性循环发展态势；根据社会市场需求发展及时地进行转型升级。二是，特色农业型小（城）镇。特色种植业小（城）镇的培育建设要在"农"字上大做文章，形成农业循环经济系统；要围绕农业上工业，形成农产品深加工产业链条；要抢占市场，积极发展相关的服务业。特色林果业小（城）镇要以龙头花木企业为核心，积极进行花木产品研发，努力发展花木销售中介、花木生态休闲旅游、花木会展等，实现其间的良性互动与协调发展。特色畜牧业小（城）镇，要以牲畜养殖为核心，以沼气建设为纽带，实现畜牧业、林果业（各种林木、有机林果等）、种植业（有机蔬菜、有机粮食等）等农业内部一体化集群发展；进一步延长牲畜养殖生产链条，与第二产业、第三产业有机衔接，形成农工商贸共同发展的牲畜养殖特色产业集群。特色渔业小（城）镇，要以渔业养殖为核心，进一步延伸至水产品健康养殖业、精深加工业、观光休闲业为一体的特色产业集群，拉长产业链条，提高产业化经营水平。三是，生态休闲型特色小（城）镇的培育建设发展，要牢固树立创新发展意识，实现"生态"与"产业"的有效融合，实现"生态产业化"和"产业生态化"；增强协调发展意识，打造骨架小、颜值高、精而美的生态宜居样板，有效推进"三生融合"生态型特色小镇的培育建设发展；坚持以绿色发展为引领，立足生态资本核心优势要素，合理组合配套要素，做强做大特色小（城）镇的发展"潜能"；拓宽开放发展思路，适度引进新业态，为特色小（城）镇的升级与发展注入新的活力，提升生态型特色小（城）镇竞争力和特色产业发展潜力；推进共享发展落地生根，培育新经济增长点，发挥小（城）镇示范引领和周边辐射带动作用，实现特色小（城）镇高质量发展。四是，传统村落文化保护型特色小（城）镇培育建设发展，要完善规章制度保障，强化基础设施保障，开发传统文化资源，吸收借鉴成功经验，培育发展附加产业，建立综合转化机制。五是，金融商务型特色小（城）镇的培育建设发展，要科学规划功能分区，实现自然禀赋与金融产业的有机地融合；坚持服务设施配套先行，使"生产、生活、生态"有机地融合在一起；吸引金融机构入驻，集聚金融产业，促进产业与金融、金融与科技、金融与双创之间的有机衔接，吸引一批高端金融人才集聚，探索金融服务功能。六是，特色文化创意小（城）镇的培育建设发展，要创新发展文化创意种类，进一步拉长了文化创意产业链条，形成文化创意特色产业集群。

二、创新点

（1）对特色小（城）镇的培育建设发展进行了较为全面系统地研究。从特色小（城）镇的国内外研究现状入手，对我国特色小（城）镇的培育发展现状、存在问题、影响因素、机制创新、质效提升目标与实现路径、政策设计建议等方面进行了较为全面的系统研究，指出各影响因子之间的耦合创新在特色小（城）镇培育建设发展过程中的作用将越来越重要，尝试构建了特色小（城）镇培育发展的基础理论、驱动机制创新、质效提升路径、政策设计建议等理论框架。

（2）特色小（城）镇培育建设发展的理论基础。新时代对特色小（城）镇的培育建设发展提出了更高的要求，需要经济—社会—环境的耦合健康协调发展。特色小（城）镇的培育建设发展首先必须突出自身的资源禀赋特色优势，严格遵循劳动地域分工理论和产业集群理论，培育建设发展能够充分发挥自身特色优势，符合社会市场需求趋势的特色主导产业集群。同时还必须遵循生态学原理和可持续发展理论，遵循自然规律，这是特色小（城）镇培育建设发展的前提条件。"绿水青山就是金山银山"，良好的生态环境是特色小（城）镇宜居、宜业、宜游的前提和基础。

（3）提出了各影响因子之间的耦合创新是特色小（城）镇培育建设发展的关键。在深入分析特色小（城）镇培育发展影响因素的基础上，以劳动地域分工理论、生态学理论为基础，以产业集群理论为指导，以可持续发展理论为提升，提出了实现思想观念更新、治理体制创新、市场机制健全、技术机制支撑、创新机制构建、文化遗产挖掘、特色产业培育、规划机制引导、基础设施配套、生态基底优质、增强自组织能力以及耦合创新驱动等，尤其是耦合创新驱动，已成为特色小（城）镇培育建设发展的关键。

（4）提出了特色小（城）镇培育建设发展的质效提升路径。从产业业态、生态环境、传统文化、设施服务以及体制机制等方面构建了特色小（城）镇培育发展质效提升的目标体系，要从特色产业路径、金融支持路径、生态建设路径、传统文化路径、设施服务路径以及治理创新路径等方面实现不同类型特色小（城）镇培育建设的质效提升。

（5）提炼出特色小（城）镇，尤其是不同类型特色小（城）镇培育建设发展的政策设计建议。一是特色小（城）镇培育建设发展的政策设计建议；二是特色工业型、特色农业型、生态休闲型、传统村落文化保护型、金融商务型、特色文化创意型等不同类型特色小（城）镇培育建设发展的政策设计建议，以便在政策设计时更有针对性和可操作性，以便于充分发挥政府引导、市场主导和企业主体的作用，促进特色小（城）镇健康有序发展。

三、有待进一步探讨的问题

特色小（城）镇培育发展机制创新与质效提升研究是一个涉及自然、社会、经济、环境、政治、文化、人口、空间等诸多方面相互交织影响的极为复杂的系统工程，对其进行全面、系统的研究还需要诸多学科的共同努力。加之研究条件限制等原因，本书还存在一些有待进一步深入探讨的问题。

（1）由于统计制度等原因，对国家、省域等各个层面的特色小（城）镇的资料收集极为困难，在实证分析过程中主要以一些典型的特色小

（城）镇为例进行了重点剖析，其他也只是从总体上进行概括性分析。

（2）随着我国经济社会发展水平的进一步提高，社会市场需求发展趋势进一步多样化，交通通信等基础设施网络化进一步发展，尤其是信息化水平的进一步提高，特色小（城）镇的培育建设发展已经成为我国各级政府部门和专家学者关注的热点问题之一。本书中所提出的特色小（城）镇培育发展机制创新，质效提升的目标体系、实现路径，以及相应的政策设计建议，只是其中的一部分，特色小（城）镇培育发展机制创新与质效提升还有诸多问题需要进一步深入分析研究。

参 考 文 献

［1］埃比尼泽·霍华德．明日的田园城市［M］．金经元译．北京：商务印书馆，2000.

［2］艾文金．依据区域优势建设特色城镇［J］．小城镇建设，1997（3）：33.

［3］白史且、马小合、张院萍．草牧业扶贫的"凉山战略"［J］．中国畜牧业，2018（23）：16－27.

［4］白小虎、陈海盛、王松．特色小镇与生产力空间布局［J］．中共浙江省委党校学报，2016（5）：21－27.

［5］蔡新花．长沙县浔龙河村集体产权改革研究［D］．长沙：中南林业科技大学硕士论文，2016.

［6］曹阳、田文霞．沿边开发开放民族地区小城镇发展：耦合力、模式与对策——基于延边州朝阳川镇的调查［J］．学术交流，2011（2）：95－97.

［7］陈家海．产业融合：狭义概念的内涵及其广义化［J］．上海经济研究，2009（11）：35－41＋96.

［8］陈前虎、寿建伟、潘聪林．浙江省小城镇发展历程、态势及转型策略研究［J］．规划师，2012，28（12）：86－90.

［9］陈延业．特色小镇展新风［J］．中国城乡桥，2006（3）：43.

［10］陈宇峰、黄冠．以特色小镇布局供给侧结构性改革的浙江实践［J］．中共浙江省委党校学报，2016（5）：28－32.

［11］陈玉书、钱耀军、何海霞．基于资源禀赋的小城镇特色营造策略研究——以海南省为例［J］．改革与战略，2015（9）：63－67.

[12] 成海燕.特色小镇发展机制探讨——基于中国国情的理论与实践分析 [J].学术论坛,2018 (2):122-127.

[13] 程响、何继新.城乡融合发展与特色小镇建设的良性互动——基于城乡区域要素流动理论视角 [J].广西社会科学,2018 (10):89-93.

[14] 崔彩贤、闫阁.美国特色小镇环境建设经验与中国策略 [J].现代交际,2019 (3):235-238.

[15] 崔功豪、魏清泉、刘科伟.区域分析与区域规划 [M].北京:高等教育出版社,2006.

[16] 段进军.关于我国小城镇发展态势的思考 [J].城市发展研究,2007,14 (6):52-57.

[17] 范环宇、秦之浩、李元元.基于SWOT分析的土地整治战略研究——以辽宁省大连市为例 [J].山西农经,2019 (2):28.

[18] 冯奎、黄曦颖.准确把握推进特色小镇发展的政策重点:浙江等地推进特色小镇发展的启示 [J].中国发展观察,2016 (18):15-18.

[19] 耿宏兵、刘剑.转变路径依赖——对新时期大连市小城镇发展模式的思考 [J].城市规划,2009,33 (5):79-83.

[20] 龚子逸.湖北特色小镇发展特征、动力与策略研究 [D].武汉:华中科技大学硕士论文,2018.

[21] 谷立霞、王贤.基于全要素协同的高碳产业低碳化创新系统研究 [J].科技进步与对策,2010,27 (11):77-80.

[22] 顾朝林.县镇乡村域规划编制手册 [M].北京:清华大学出版社,2016.

[23] 顾欣,吴嘉贤,张雪洁.特色小镇科技支撑体系的运行机制及建设路径研究 [J].江苏社会科学,2017 (6):267-272.

[24] 关海丰.特色小镇的"生命力"之信息服务平台的建设 [J].中国房地产,2017 (8):31-33.

[25] 关金艳.基于需求理论的青少年心理辅导长效机制研究 [J].理论界,2013 (12):182-184.

[26] 郭丕斌.基于生态城市建设的产业转型理论与方法研究 [D].

天津：天津大学博士论文，2004.

[27] 郭荣朝. 河南省特色农业产业集群发展模式及应用研究 [J]. 湖北农业科学，2016，55（8）：2167-2170.

[28] 郭荣朝. 基于循环经济的新农村建设研究 [J]. 安徽农业科学，2008（2）：2103-2104.

[29] 郭荣朝，康洋鸣. 我国小城镇发展研究综述 [J]. 创新科技，2017（3）：17-18.

[30] 郭荣朝，苗长虹. 城市群生态空间结构研究 [J]. 经济地理，2007（1）：104-107+92.

[31] 郭荣朝，苗长虹，顾朝林，等. 城市群生态空间结构演变机理研究 [J]. 西北大学学报（自然科学版），2008（4）：657-662.

[32] 郭荣朝，苗长虹. 基于特色产业簇群的城市群空间结构优化研究 [J]. 人文地理，2010（5）：47-52.

[33] 郭荣朝，苗长虹，夏保林，等. 城市群生态空间结构优化组合模式及对策——以中原城市群为例 [J]. 地理科学进展，2010（3）：363-369.

[34] 郭荣朝. "南街村模式" 与农村经济可持续发展 [J]. 农业经济，2006（1）：31-32.

[35] 郭荣朝. 县域低碳经济发展机制、模式与路径研究 [M]. 北京：社会科学文献出版社，2016.

[36] 郭蓉，郭秀琴，黄子玉，等. 春日龙坞，唱一支乡村牧歌 [J]. 风景名胜，2014（5）：46-48.

[37] 郭相兴，夏显力，张小力，等. 中国不同区域小城镇发展水平综合评价分析 [J]. 地域研究与开发，2014（5）：50-54.

[38] 国家发展和改革委员会. 关于实施"千企千镇工程"推进美丽特色小（城）镇建设的通知 [EB/OL]. (2016-12-13) http://www.gov.cn/xinwen/2016-12/13/content_5147553. htm#1.

[39] 韩振国、杨盈颖. 财政支出对制造业结构优化的影响机制 [J]. 经济研究参考，2018（54）：27-28.

［40］胡金星．产业融合的内在机制——基于自组织理论的视角［D］. 上海：复旦大学博士论文，2007.

［41］湖南省长沙市长沙县果园镇．浔龙河生态艺术小镇［EB/OL］. http：//www. xunlonghe. net/.

［42］贾春宁．城市生态系统的可持续发展研究及其在天津市的应用［D］. 天津：天津大学博士论文，2004.

［43］姜凯凯，朱喜钢，高湿尘，等．小城镇农业转移人口的市民化意愿：实证研究与政策应对［J］. 现代城市研究，2015（2）：60 – 66.

［44］焦多田．产能合作：对工业革命与国际产业转移的镜鉴研究［J］. 开发性金融研究，2018（1）：59 – 65.

［45］金永亮．关于浙江创建特色小镇的实践及借鉴［J］. 广东经济，2016（1）：61 – 64.

［46］晋宏逵．中国文物价值观及价值评估［J］. 中国文化遗产，2019（1）：24 – 35.

［47］雷梅，段忠贤．地方社会治理公众满意度影响因素研究——基于贵阳市网格化服务管理的实证调查［J］. 贵州师范学院学报，2018（8）：69 – 74.

［48］黎毅，张碧安，黄辉．小城镇发展状况评价体系的研究［J］. 江西农业大学学报（社会科学版），2002（3）：65 – 68.

［49］李兵弟，郭龙彪，徐素君，等．走新型城镇化道路，给小城镇十五年发展培育期［J］. 城市规划，2014，38（3）：9 – 13.

［50］李博．生态学［M］. 北京：高等教育出版社，2000.

［51］李建平．打造县域城市中心，推进新型城镇化［R］. 光明日报（论苑），2015，016 版.

［52］李蛟龙．湖南生态农业与小城镇耦合发展研究［D］. 长沙：中南林业科技大学硕士论文，2019.

［53］李兰昀、吴朝宇、李恺．重庆市主城区小城镇城乡统筹发展规划策略研究［J］. 城市发展研究，2012，19（12）：8 – 10.

［54］李龙、李春艳．特色小镇内涵及可持续发展研究［J］. 智库时

代，2019（9）：5-6.

［55］李培林. 小城镇依然是大问题［J］. 甘肃社会科学，2015，28（3）：1-4.

［56］李苹绣. 基于钻石模型的佛山科技创新特色小镇群发展水平评价［J］. 商业经济，2018（5）：37-38+79.

［57］李学鑫. 农区文化产业集群吸收能力与学习研究——以石佛寺玉雕产业集群为例［J］. 人文地理，2012（5）：115-119.

［58］李学鑫. 中国农区文化创意产业集群形成演化机理——以民权县王公庄绘画产业集群为例［J］. 地理科学进展，2010（8）：1011-1017.

［59］厉华笑、杨飞、袭国平. 基于目标导向的特色小镇规划创新思考：结合浙江省特色小镇规划实践［J］. 小城镇建设，2016（3）：42-48.

［60］刘百顺. 长沙县乡村民宿业发展调查［D］. 长沙：中南林业科技大学硕士论文，2019.

［61］刘洪. 特色工业小镇的生存之道［EB/OL］.（2016-09-08）http://www.360doc.com/content/16/0908/08/36294262_589229759.shtml.

［62］刘军. 新型城镇化背景下西北小城镇发展的政策反思——以甘肃省为例［J］. 甘肃社会科学，2015（3）：197-201.

［63］刘岚. 从特色文化到地域文化景观——特色小镇文化生态建设之思考［J］. 武汉理工大学学报（社会科学版），2019（6）：144-150.

［64］刘向舒、卢山冰、赵生辉. 西部小城镇产业集聚问题研究［J］. 西北大学学报（哲学社会科学版），2011（4）：74-77.

［65］刘晓萍. 科学把握新时代特色小镇的功能定位［J］. 宏观经济研究，2019（4）：153-161.

［66］刘艳亮. 生态美学与城市群区域一体化发展［J］. 郑州大学学报（哲学社会科学版），2010（2）：97-99.

［67］柳中辉. 工商资本主导发展特色小镇浔龙河模式［R］. 中国乡村发现，2019，1，31.

［68］卢道典、黄金川. 从增长到转型——改革开放后珠江三角洲小城镇的发展特征、现实问题与对策［J］. 经济地理，2012（9）：21-25+38.

[69] 卢小军、张宁、王丽丽. 农业转移人口城市落户意愿的影响因素 [J]. 城市问题, 2016 (11): 99 – 103.

[70] 陆杰华、韩承明. 论小城镇与我国的城镇化发展道路 [J]. 中国特色社会主义研究, 2013 (2): 98 – 104.

[71] 陆菊春、黄晓晓、刘罗. 基于机构方程模型的建筑业低碳竞争力形成机理分析 [J]. 技术经济, 2013 (9): 60 – 64.

[72] 陆勇峰. 上海推进特色小镇建设研究 [J]. 科学发展, 2018 (11): 89 – 98.

[73] 路振华. 基于资源、产业、人口协同的小城镇发展模式研究 [J]. 经济体制改革, 2014 (5): 58 – 62.

[74] 吕永龙, 王一超, 苑晶晶, 等. 可持续生态学 [J]. 生态学报, 2019 (10): 3401 – 3415.

[75] 罗翔、沈洁. 供给侧结构性改革视角下特色小镇规划建设思路与对策 [J]. 规划师, 2017 (6): 38 – 43.

[76] 罗震东、何鹤鸣. 全球城市区域中的小城镇发展特征与趋势研究——以长江三角洲为例 [J]. 城市规划, 2013 (1): 9 – 16.

[77] 马红丽. 国外小镇: 不一样的烟火 [J]. 中国信息界, 2017 (4): 38 – 41.

[78] 密春林. 非物质文化遗产视角下泸水市傈僳族射弩传承研究 [D]. 昆明: 云南大学硕士论文, 2017.

[79] 苗长虹, 魏也华. 分工深化、知识创造与产业集群成长——河南鄢陵县花木产业的案例研究 [J]. 地理研究, 2009 (7): 853 – 864.

[80] 闵学勤. 精准治理视角下的特色小镇及其创建路径 [J]. 同济大学学报 (社会科学版), 2016 (6): 55 – 60.

[81] 潘静波. 二维视角下金融类 "特色小镇" 的培育指标体系构建: 以杭州市为例 [J]. 经贸实践, 2016 (20): 31 – 32.

[82] 彭成圆、蒋和平. 集中社会资本助推城镇化建设研究——以浔龙河生态小镇发展为例 [J]. 安徽农业科学, 2014 (5): 4510 – 4512.

[83] 彭巍. 特色小镇建设背景下新集镇基础设施投资绩效研究 [D].

扬州：扬州大学硕士论文，2018.

[84] 漆向东、彭荣胜. 中国城乡关系政策70年：调整与演进 [J].
信阳师范学院学报（哲学社会科学版），2019 (11)：7 – 15.

[85] 乔海燕. 互联网 + 视角下旅游特色小镇公共信息服务的构建与
提升研究 [J]. 轻工科技，2016 (9)：124 – 125.

[86] 谯薇、王莨露. 特色小镇产业融合研究述评 [J]. 社会科学动
态，2019 (3)：51 – 57.

[87] 秦成逊、王荣荣. "两山论" 视域下西部生态环境竞争力提升
研究 [J]. 昆明理工大学学报（社会科学版），2019 (6)：40 – 45.

[88] 秦诗立. 特色小镇的 "特" 与 "色" [J]. 今日浙江，2015
(13)：29.

[89] 任杲、宋迎昌、蒋金星. 改革开放40年中国城市化进程研究
[J]. 宁夏社会科学，2019 (1)：23 – 31.

[90] 桑士达. 浙江特色小城镇建设的调查与思考 [J]. 决策咨询，
2017 (1)：41 – 44.

[91] 上海市金融服务办公室. 上海金融小镇：13.1平方公里绿色金
融创新乐活发源地 [EB/OL]. http：//www. shanghai. gov. cn/nw2/nw2314/
nw2315/nw31406/u21aw1259680. html.

[92] 沈弦艺，黄诚，陈胥君，等. 合作治理：城乡一体化进程中农
村环境卫生治理的可能路径——基于长沙县浔龙河小镇的个案研究 [J].
中国农村卫生事业管理，2017 (12)：1425 – 1428.

[93] 盛世豪、张伟明. 特色小镇：一种产业空间组织形式 [J]. 浙江
社会科学，2016 (3)：36 – 38.

[94] 时浩楠、杨雪云. 国家级特色小镇空间分布特征 [J]. 干旱区资
源与环境，2018 (12)：39 – 44.

[95] 宋效忠、王利宾、靳兰. 河北省欠发达县域经济特色产业发展
研究 [J]. 燕山大学学报，2012 (2)：92 – 95.

[96] 苏斯彬、张旭亮. 浙江特色小镇在新型城镇化中的实践模式探
析 [J]. 宏观经济管理，2016 (10)：73 – 75 +80.

［97］孙超英、赵芮．推进四川特色小镇建设的若干思考——基于四川发展特色小镇的 SWOT 分析［J］．中共四川省委党校学报，2016（3）：40－45.

［98］唐红蕾、韦震、唐卫宁、等，基于生态位理论的特色小镇协调发展研究——以湖州市特色小镇为例［J］．生态经济，2018（6）：122－127＋149.

［99］唐祥．农村中小银行金融科技应用现状与发展对策［J］．现代金融，2019（6）：19－21.

［100］田淑英、夏梦丽、金伟．新安江流域安徽段践行"两山论"的模式探索［J］．江淮论坛，2019（4）：57－62.

［101］王士兰、游宏滔、徐国良．培育中心镇是中国城镇化的必然规律［J］．城市规划，2009（5）：69－73.

［102］王文录、赵培红．改革开放30年来我国小城镇的发展［J］．城市发展研究，2009（11）：34－38.

［103］王跃．新型城镇化进程中特色小镇建设存在的问题与对策研究［J］．中国物价，2018（4）：13－16.

［104］卫龙宝、史新杰．浙江特色小镇建设的若干思考与建议［J］．浙江社会科学，2016（3）：28－32.

［105］魏风云．山东省特色小镇建设的现状与路径分析［J］．山东干部函授大学学报（理论学习），2019（5）：44－47.

［106］文魁、张祖群．小城镇：城市科学合理布局的战略重点——城市与乡村两个维度的经济学分析［J］．管理科学，2015（2）：53－59＋77.

［107］翁加坤、余建忠．浙江省首轮小城市培育试点三年行动计划评估方法——以象山县石浦镇为例［J］．小城镇建设，2014（4）：56－60.

［108］翁建荣．下功夫推进特色小镇建设［J］．中国经贸导刊，2016（13）：26－27.

［109］吴剑豪．福建南平市非物质文化遗产旅游化生存模式研究［J］．湖南工业大学学报（社会科学版），2019（10）：1－9.

［110］吴淼、刘莘．城市化进程中小城镇发展滞后原因探析［J］．城

市问题，2012（9）：40 – 44.

［111］吴一凡．"龙坞模式"对江苏镇江清茶特色小镇建设的启示［J］．江苏商论，2018（12）：11 – 15 + 25.

［112］谢宏、李颖灏、韦有义．浙江省特色小镇的空间结构特征及影响因素研究［J］．地理科学，2018（8）：1283 – 1291.

［113］信桂新、熊正贤．模式与经验：中国特色小镇建设实践研究［J］．资源开发与市场，2019（6）：819 – 925.

［114］熊正贤．特色小镇政策的区域比较与优化研究——以云贵川地区为例［J］．云南民族大学学报（哲学社会科学版），2019（3）：104 – 116.

［115］徐梦周、王祖强．创新生态系统视角下特色小镇的培育策略：基于梦想小镇的案例探索［J］．中共浙江省委党校学报，2016（5）：33 – 38.

［116］徐世雨．特色小镇：内涵阐释与实现路径——对既有文献的综述与展望［J］．江苏农业科学，2019（5）：32 – 36.

［117］薛珂．产业视角下我国特色小镇发展路径研究［D］．天津城建大学硕士论文，2018.

［118］严剀．小城镇文化特色塑造及景观设计浅析［J］．江苏城市规划，2012（5）：25 – 29.

［119］杨萍、张锋．乡村振兴战略背景下特色小镇新业态诊断与培育路径研究——基于产业集聚的视角［J］．农业经济，2019（1）34 – 36.

［120］杨士弘，等．城市生态环境学（第二版）［M］．北京：科学出版社，2000.

［121］杨振之、蔡寅春、谢辉基．特色小镇：思想流变及本质特征［J］．四川大学学报（哲学社会科学版），2018（6）：141 – 150.

［122］杨志民．传统古村落文化保护视角的特色小镇建设［J］．开发研究，2018（12）：66 – 71.

［123］于立、彭建东．中国小城镇发展和管理中的现存问题与对策探讨［J］．国际城市规划，2014（1）：62 – 67.

［124］于立．英国城乡发展政策对中国小城镇发展的一些启示与思考［J］．城市发展研究，2013（11）：27 – 31.

［125］于水、张琳.特色小镇建设的国际经验及对江苏的启示［J］.
江南论坛,2018（8）：27-29.

［126］詹姆斯·E.万斯.延伸的城市：西方文明中的城市形态学
［M］.凌霓,潘荣,译.北京：中国建筑工业出版社,2013.

［127］张国辉.江苏省体育健康特色小镇发展模式研究［D］.北京：
中国矿业大学硕士论文,2017.

［128］张环宙、吴茂英、沈旭炜.特色小镇：旅游业的浙江经验及其
启示［J］.武汉大学学报（哲学社会科学版）,2018（7）：178-184.

［129］张洁,郭小锋.德国特色小城镇多样化发展模式初探——以
Neu-Isenburg、Herdecke、Berlingen为例［J］.小城镇建设,2016（6）：
97-101.

［130］张磊.外商直接投资对安徽省产业结构影响的模型分析及对策
研究［D］.合肥：合肥工业大学硕士论文,2009.

［131］张立.403个国家（培育）特色小城镇的特征分析及若干讨论
［EB/OL］.（2018-11-07）http：//www.sohu.com/a/273709262_100020178.

［132］张丽萍、徐清源.我国特色小镇发展进程分析［J］.调研世界,
2019（4）：51-56.

［133］张亮、张贺.促进特色小镇健康发展的政策建议［J］.发展研
究,2019（4）：64-68.

［134］张顺民、李瑞菅.多管齐下 因地制宜 全面推进天津市小城镇
建设［J］.小城镇建设,2006（1）：36-37.

［135］张蔚文,麻玉琦.社会治理导向下的特色小镇治理机制创新
［J］.治理研究,2018（8）：113-119.

［136］张晓欢.我国特色小（城）镇建设路径分析与政策建议［R］.
中国市场,2019,7：2.

［137］张秀生,卫鹏鹏.区域经济理论［M］.武汉：武汉大学出版
社,2005.

［138］张野.劳动地域分工的新形式和新特点［J］.理论观察,2016
（11）：95-96.

［139］张远红．黄浦区社会组织参与社会治理的困境及对策研究［D］．上海：华东政法大学硕士论文，2018．

［140］赵珏、张士引．产业融合的效应、动因和难点分析——以中国推进"三网融合"为例［J］．宏观经济研究，2015（11）：56 - 62．

［141］赵丽娜．地方政府如何用好市场之手——从开发区建设看政府职能转变［J］．理论学刊，2019（1）：64 - 74．

［142］赵莹、李宝轩．新型城镇化进程中小城镇建设存在的问题及对策［J］．经济纵横，2014（3）：8 - 11．

［143］郑飞鸿，田淑英．生态型特色小镇升级与可持续发展的路径与保障［J］．安徽农业大学学报（社会科学版），2019（3）：51 - 57．

［144］植草益．信息通讯业的产业融合［J］．中国工业经济，2011（2）：24 - 27．

［145］周静、倪碧野．西方特色小镇自组织机制解读［J］．规划师，2018（1）：132 - 138．

［146］周凯、韩冰．基于综合效益评价的特色小镇产业遴选与体系构建方法研究：以江苏省南通市海门三星镇为例［J］．学术论坛，2018（1）：111 - 115 + 174．

［147］周鲁耀、周功满．从开发区到特色小镇：区域开发模式的新变化［J］．城市发展研究，2017，24（1）：51 - 55．

［148］周宇．中国企业对外直接投资的产业选择——基于技术升级视角［D］．成都：西南财经大学硕士论文，2014．

［149］朱建达．我国城镇化不同发展阶段的区域小城镇空间发展形态与特征研究［J］．农业现代化研究，2014（2）：140 - 145．

［150］朱肖文．"以人为本"管理理念在中小学教师培训中的应用［D］．成都：西南农业大学硕士论文，2015．

［151］朱莹莹．浙江省特色小镇建设的现状与对策研究：以嘉兴市为例［J］．嘉兴学院学报，2016，28（2）：49 - 56．

［152］邹佳伦．发达国家特色小镇规划设计的典型模式与经验借鉴［J］．美玉时代（城市版），2019（3）：55 - 56．

[153] Antoniucci H et al. Small Town Resilience: Housing Market Crisis and Urban Density in Italy [J]. *Land Use Policy*, 2016 (29): 580 – 588.

[154] Bradbury I. Rirkby. et al. Development and Environment: the Case of Rural Industrialization and Small-town Growth in China [J]. *Ambio*, 1996 (3): 204 – 209.

[155] Changyoon Ji et al. , A Model for Evaluating the Environmental Benefits of Elementary School Facilities [J]. *Journal of Environmental Management*, 2013, 132, pp. 6 – 12.

[156] Fang Q H. Zhang L P. et al. Towards Adaptive Town Environmental Planning: the Experience from Xiamen, China [J]. *Environment and Urbanization*, 2006 (1): 87 – 101.

[157] F. Hacklin, An Evolutionary Perspective on Convergence: Inducing a Stage Model of Inter-industry Innovation [J]. *International Journal of Technology Management*, 2010, 49 (1/2/3), pp. 220 – 249.

[158] Mayer H. Knox P. Small-town Sustainability: Prospects in the Second Modernity [J]. *European Planning Study*, 2010 (10): 1545 – 1565.

[159] M. Clare, Valuing the Benefits of Creek Rehabilitation: Buildinga Business Case for Public Investments in Urban Green Infrastructure [J]. *Springer Science Business Media NewYork*, 2015, 55 (6), pp. 19 – 26.

[160] M. Mayaka, J. S. Akama, Systems Approach to Tourism Training and Education: The Kenyan Case Study [J]. *Tourism Management*, 2007, 28 (1), pp. 298 – 306.

[161] M. Robert, Institutionalizing Social Impact Assessment in Bangladesh Resource Management: Limitations and Opportunities [J]. *Environmental Impact Assessment Review*, 2005, 25 (1), pp. 33 – 45.

[162] N. Rosenberg, Technological Change in the Machine Tool Industry, 1840 – 1910 [J]. *The Journal of Economic History*, 1963, 23 (4), pp. 414 – 443.

[163] P. Michael, *Competitive Strategy: Techniques for Analyzing Indus-*

tries and Competitors [M]. New York: The Free Press, 1985.

[164] S. Greenstein, T. Khanna, What does Industry Convergence Mean? [J]. *Competing in the Age of Digital Convergence*, 1997, 10, pp. 201 – 226.

[165] Sharma K L. The Social Organization of Urban Space: a Case Study of Chandlery, a Small Town in Central India [J]. *Contributions to Indian Sociology*, 2003 (3): 405 – 427.

[166] Wirth P. et al. Peripheralisation of Small Towns in Germany and Japan – Dealing with Economic Decline and Population Loss [J]. *Journal of Rural Studies*, 2016 (47): 62 – 75.

附　录

附表 1

2016 年住房和城乡建设部公布的第一批中国特色小镇名单（127 个）

序号	地区（数量）	小镇名称
1	北京（3 个）	房山区长沟镇 昌平区小汤山镇 密云区古北口镇
2	天津（2 个）	武清区崔黄口镇 滨海新区中塘镇
3	河北（4 个）	秦皇岛市卢龙县石门镇 邢台市隆尧县莲子镇镇 保定市高阳县庞口镇 衡水市武强县周窝镇
4	山西（3 个）	晋城市阳城县润城镇 晋中市昔阳县大寨镇 吕梁市汾阳市杏花村镇
5	内蒙古（3 个）	赤峰市宁城县八里罕镇 通辽市科尔沁左翼中旗舍伯吐镇 呼伦贝尔市额尔古纳市莫尔道嘎镇
6	辽宁（4 个）	大连市瓦房店市谢屯镇 丹东市东港市孤山镇 辽阳市弓长岭区汤河镇 盘锦市大洼区赵圈河镇
7	吉林（3 个）	辽源市东辽县辽河源镇 通化市辉南县金川镇 延边朝鲜族自治州龙井市东盛涌镇
8	黑龙江（3 个）	齐齐哈尔市甘南县兴十四镇 牡丹江市宁安市渤海镇 大兴安岭地区漠河县北极镇
9	上海（3 个）	金山区枫泾镇 松江区车墩镇 青浦区朱家角镇

序号	地区（数量）	小镇名称
10	江苏（7个）	南京市高淳区桠溪镇 无锡市宜兴市丁蜀镇 徐州市邳州市碾庄镇 苏州市吴中区甪直镇 苏州市吴江区震泽镇 盐城市东台市安丰镇 泰州市姜堰区溱潼镇
11	浙江（8个）	杭州市桐庐县分水镇 温州市乐清市柳市镇 嘉兴市桐乡市濮院镇 湖州市德清县莫干山镇 绍兴市诸暨市大唐镇 金华市东阳市横店镇 丽水市莲都区大港头镇 丽水市龙泉市上垟镇
12	安徽（5个）	铜陵市郊区大通镇 安庆市岳西县温泉镇 黄山市黟县宏村镇 六安市裕安区独山镇 宣城市旌德县白地镇
13	福建（5个）	福州市永泰县嵩口镇 厦门市同安区汀溪镇 泉州市安溪县湖头镇 南平市邵武市和平镇 龙岩市上杭县古田镇
14	江西（4个）	南昌市进贤县文港镇 鹰潭市龙虎山风景名胜区上清镇 宜春市明月山温泉风景名胜区温汤镇 上饶市婺源县江湾镇
15	山东（7个）	青岛市胶州市李哥庄镇 淄博市淄川区昆仑镇 烟台市蓬莱市刘家沟镇 潍坊市寿光市羊口镇 泰安市新泰市西张庄镇 威海市经济技术开发区崮山镇 临沂市费县探沂镇

序号	地区（数量）	小镇名称
16	河南（4个）	焦作市温县赵堡镇 许昌市禹州市神垕镇 南阳市西峡县太平镇 驻马店市确山县竹沟镇
17	湖北（5个）	宜昌市夷陵区龙泉镇 襄阳市枣阳市吴店镇 荆门市东宝区漳河镇 黄冈市红安县七里坪镇 随州市随县长岗镇
18	湖南（5个）	长沙市浏阳市大瑶镇 邵阳市邵东县廉桥镇 郴州市汝城县热水镇 娄底市双峰县荷叶镇 湘西土家族苗族自治州花垣县边城镇
19	广东（6个）	佛山市顺德区北滘镇 江门市开平市赤坎镇 肇庆市高要区回龙镇 梅州市梅县区雁洋镇 河源市江东新区古竹镇 中山市古镇镇
20	广西（4个）	柳州市鹿寨县中渡镇 桂林市恭城瑶族自治县莲花镇 北海市铁山港区南康镇 贺州市八步区贺街镇
21	海南（2个）	海口市云龙镇 琼海市潭门镇
22	重庆（4个）	万州区武陵镇 涪陵区蔺市镇 黔江区濯水镇 潼南区双江镇
23	四川（7个）	成都市郫县德源镇 成都市大邑县安仁镇 攀枝花市盐边县红格镇 泸州市纳溪区大渡口镇 南充市西充县多扶镇 宜宾市翠屏区李庄镇 达州市宣汉县南坝镇

序号	地区（数量）	小镇名称
24	贵州（5个）	贵阳市花溪区青岩镇 六盘水市六枝特区郎岱镇 遵义市仁怀市茅台镇 安顺市西秀区旧州镇 黔东南州雷山县西江镇
25	云南（3个）	红河州建水县西庄镇 大理州大理市喜洲镇 德宏州瑞丽市畹町镇
26	西藏（2个）	拉萨市尼木县吞巴乡 山南市扎囊县桑耶镇
27	陕西（5个）	西安市蓝田县汤峪镇 铜川市耀州区照金镇 宝鸡市眉县汤峪镇 汉中市宁强县青木川镇 杨陵区五泉镇
28	甘肃（3个）	兰州市榆中县青城镇 武威市凉州区清源镇 临夏州和政县松鸣镇
29	青海（2个）	海东市化隆回族自治县群科镇 海西蒙古族藏族自治州乌兰县茶卡镇
30	宁夏（2个）	银川市西夏区镇北堡镇 固原市泾源县泾河源镇
31	新疆（3个）	喀什地区巴楚县色力布亚镇 塔城地区沙湾县乌兰乌苏镇 阿勒泰地区富蕴县可可托海镇
32	新疆兵团（1个）	第八师石河子市北泉镇

附表2

2017 年住房和城乡建设部公布的第二批中国特色小镇名单（276 个）

序号	地区（数量）	小镇名称
1	北京（4 个）	怀柔区雁栖镇 大兴区魏善庄镇 顺义区龙湾屯镇 延庆区康庄镇
2	天津（3 个）	津南区葛沽镇 蓟州区下营镇 武清区大王古庄镇
3	河北（8 个）	衡水市枣强县大营镇 石家庄市鹿泉区铜冶镇 保定市曲阳县羊平镇 邢台市柏乡县龙华镇 承德市宽城满族自治县化皮溜子镇 邢台市清河县王官庄镇 邯郸市肥乡区天台山镇 保定市徐水区大王店镇
4	山西（9 个）	运城市稷山县翟店镇 晋中市灵石县静升镇 晋城市高平市神农镇 晋城市泽州县巴公镇 朔州市怀仁县金沙滩镇 朔州市右玉县右卫镇 吕梁市汾阳市贾家庄镇 临汾市曲沃县曲村镇 吕梁市离石区信义镇
5	内蒙古（9 个）	赤峰市敖汉旗下洼子镇 鄂尔多斯市东胜区罕台镇 乌兰察布市凉城县岱海镇 鄂尔多斯市鄂托克前旗城川镇 兴安盟阿尔山市白狼镇 呼伦贝尔市扎兰屯市柴河镇 乌兰察布市察哈尔右翼后旗土牧尔台镇 通辽市开鲁县东风镇 赤峰市林西县新城子镇

序号	地区（数量）	小镇名称
6	辽宁（9个）	沈阳市法库县十间房镇 营口市鲅鱼圈区熊岳镇 阜新市阜蒙县十家子镇 辽阳市灯塔市佟二堡镇 锦州市北镇市沟帮子镇 大连市庄河市王家镇 盘锦市盘山县胡家镇 本溪市桓仁县二棚甸子镇 鞍山市海城市西柳镇
7	吉林（6个）	延边州安图县二道白河镇 长春市绿园区合心镇 白山市抚松县松江河镇 四平市铁东区叶赫满族镇 吉林市龙潭区乌拉街满族镇 通化市集安市清河镇
8	黑龙江（8个）	牡丹江市绥芬河市阜宁镇 黑河市五大连池市五大连池镇 牡丹江市穆棱市下城子镇 佳木斯市汤原县香兰镇 哈尔滨市尚志市一面坡镇 鹤岗市萝北县名山镇 大庆市肇源县新站镇 黑河市北安市赵光镇
9	上海（6个）	浦东新区新场镇 闵行区吴泾镇 崇明区东平镇 嘉定区安亭镇 宝山区罗泾镇 奉贤区庄行镇
10	江苏（15个）	无锡市江阴市新桥镇 徐州市邳州市铁富镇 扬州市广陵区杭集镇 苏州市昆山市陆家镇 镇江市扬中市新坝镇 盐城市盐都区大纵湖镇 苏州市常熟市海虞镇 无锡市惠山区阳山镇 南通市如东县栟茶镇 泰州市兴化市戴南镇 泰州市泰兴市黄桥镇

序号	地区（数量）	小镇名称
10	江苏（15个）	常州市新北区孟河镇 南通市如皋市搬经镇 无锡市锡山区东港镇 苏州市吴江区七都镇
11	浙江（15个）	嘉兴市嘉善县西塘镇 宁波市江北区慈城镇 湖州市安吉县孝丰镇 绍兴市越城区东浦镇 宁波市宁海县西店镇 宁波市余姚市梁弄镇 金华市义乌市佛堂镇 衢州市衢江区莲花镇 杭州市桐庐县富春江镇 嘉兴市秀洲区王店镇 金华市浦江县郑宅镇 杭州市建德市寿昌镇 台州市仙居县白塔镇 衢州市江山市廿八都镇 台州市三门县健跳镇
12	安徽（10个）	六安市金安区毛坦厂镇 芜湖市繁昌县孙村镇 合肥市肥西县三河镇 马鞍山市当涂县黄池镇 安庆市怀宁县石牌镇 滁州市来安县汊河镇 铜陵市义安区钟鸣镇 阜阳市界首市光武镇 宣城市宁国市港口镇 黄山市休宁县齐云山镇
13	福建（9个）	泉州市石狮市蚶江镇 福州市福清市龙田镇 泉州市晋江市金井镇 莆田市涵江区三江口镇 龙岩市永定区湖坑镇 宁德市福鼎市点头镇 漳州市南靖县书洋镇 南平市武夷山市五夫镇 宁德市福安市穆阳镇

续表

序号	地区（数量）	小镇名称
14	江西（8个）	赣州市全南县南迳镇 吉安市吉安县永和镇 抚州市广昌县驿前镇 景德镇市浮梁县瑶里镇 赣州市宁都县小布镇 九江市庐山市海会镇 南昌市湾里区太平镇 宜春市樟树市阁山镇
15	山东（15个）	聊城市东阿县陈集镇 滨州市博兴县吕艺镇 菏泽市郓城县张营镇 烟台市招远市玲珑镇 济宁市曲阜市尼山镇 泰安市岱岳区满庄镇 济南市商河县玉皇庙镇 青岛市平度市南村镇 德州市庆云县尚堂镇 淄博市桓台县起凤镇 日照市岚山区巨峰镇 威海市荣成市虎山镇 莱芜市莱城区雪野镇 临沂市蒙阴县岱崮镇 枣庄市滕州市西岗镇
16	河南（11个）	平顶山市汝州市蟒川镇 南阳市镇平县石佛寺镇 洛阳市孟津县朝阳镇 濮阳市华龙区岳村镇 周口市商水县邓城镇 郑州市巩义市竹林镇 新乡市长垣县恼里镇 安阳市林州市石板岩镇 商丘市永城市芒山镇 三门峡市灵宝市函谷关镇 南阳市邓州市穰东镇
17	湖北（11个）	荆州市松滋市涴水镇 宜昌市兴山县昭君镇 潜江市熊口镇 仙桃市彭场镇 襄阳市老河口市仙人渡镇 十堰市竹溪县汇湾镇

续表

序号	地区（数量）	小镇名称
17	湖北（11个）	咸宁市嘉鱼县官桥镇 神农架林区红坪镇 武汉市蔡甸区玉贤镇 天门市岳口镇 恩施州利川市谋道镇
18	湖南（11个）	常德市临澧县新安镇 邵阳市邵阳县下花桥镇 娄底市冷水江市禾青镇 长沙市望城区乔口镇 湘西土家族苗族自治州龙山县里耶镇 永州市宁远县湾井镇 株洲市攸县皇图岭镇 湘潭市湘潭县花石镇 岳阳市华容县东山镇 长沙市宁乡县灰汤镇 衡阳市珠晖区茶山坳镇
19	广东（14个）	佛山市南海区西樵镇 广州市番禺区沙湾镇 佛山市顺德区乐从镇 珠海市斗门区斗门镇 江门市蓬江区棠下镇 梅州市丰顺县留隍镇 揭阳市揭东区埔田镇 中山市大涌镇 茂名市电白区沙琅镇 汕头市潮阳区海门镇 湛江市廉江市安铺镇 肇庆市鼎湖区凤凰镇 潮州市湘桥区意溪镇 清远市英德市连江口镇
20	广西（10个）	河池市宜州市刘三姐镇 贵港市港南区桥圩镇 贵港市桂平市木乐镇 南宁市横县校椅镇 北海市银海区侨港镇 桂林市兴安县溶江镇 崇左市江州区新和镇 贺州市昭平县黄姚镇 梧州市苍梧县六堡镇 钦州市灵山县陆屋镇

序号	地区（数量）	小镇名称
21	海南（5个）	澄迈县福山镇 琼海市博鳌镇 海口市石山镇 琼海市中原镇 文昌市会文镇
22	重庆（9个）	铜梁区安居镇 江津区白沙镇 合川区涞滩镇 南川区大观镇 长寿区长寿湖镇 永川区朱沱镇 垫江县高安镇 酉阳县龙潭镇 大足区龙水镇
23	四川（13个）	成都市郫都区三道堰镇 自贡市自流井区仲权镇 广元市昭化区昭化镇 成都市龙泉驿区洛带镇 眉山市洪雅县柳江镇 甘孜州稻城县香格里拉镇 绵阳市江油市青莲镇 雅安市雨城区多营镇 阿坝州汶川县水磨镇 遂宁市安居区拦江镇 德阳市罗江县金山镇 资阳市安岳县龙台镇 巴中市平昌县驷马镇
24	贵州（10个）	黔西南州贞丰县者相镇 黔东南州黎平县肇兴镇 贵安新区高峰镇 六盘水市水城县玉舍镇 安顺市镇宁县黄果树镇 铜仁市万山区万山镇 贵阳市开阳县龙岗镇 遵义市播州区鸭溪镇 遵义市湄潭县永兴镇 黔南州瓮安县猴场镇

续表

序号	地区（数量）	小镇名称
25	云南（10个）	楚雄州姚安县光禄镇 大理州剑川县沙溪镇 玉溪市新平县戛洒镇 西双版纳州勐腊县勐仑镇 保山市隆阳区潞江镇 临沧市双江县勐库镇 昭通市彝良县小草坝镇 保山市腾冲市和顺镇 昆明市嵩明县杨林镇 普洱市孟连县勐马镇
26	西藏（5个）	阿里地区普兰县巴嘎乡 昌都市芒康县曲孜卡乡 日喀则市吉隆县吉隆镇 拉萨市当雄县羊八井镇 山南市贡嘎县杰德秀镇
27	陕西（9个）	汉中市勉县武侯镇 安康市平利县长安镇 商洛市山阳县漫川关镇 咸阳市长武县亭口镇 宝鸡市扶风县法门镇 宝鸡市凤翔县柳林镇 商洛市镇安县云盖寺镇 延安市黄陵县店头镇 延安市延川县文安驿镇
28	甘肃（5个）	庆阳市华池县南梁镇 天水市麦积区甘泉镇 兰州市永登县苦水镇 嘉峪关市峪泉镇 定西市陇西县首阳镇
29	青海（4个）	海西州德令哈市柯鲁柯镇 海南州共和县龙羊峡镇 西宁市湟源县日月乡 海东市民和县官亭镇
30	宁夏（5个）	银川市兴庆区掌政镇 银川市永宁县闽宁镇 吴忠市利通区金银滩镇 石嘴山市惠农区红果子镇 吴忠市同心县韦州镇

续表

序号	地区（数量）	小镇名称
31	新疆（7个）	克拉玛依市乌尔禾区乌尔禾镇 吐鲁番市高昌区亚尔镇 伊犁州新源县那拉提镇 博州精河县托里镇 巴州焉耆县七个星镇 昌吉州吉木萨尔县北庭镇 阿克苏地区沙雅县古勒巴格镇
32	新疆兵团（3个）	阿拉尔市沙河镇 图木舒克市草湖镇 铁门关市博古其镇

附表3

2017 年国家体育总局批准的首批体育特色小镇试点项目名单（96 个）

序号	地区（数量）	小镇名称
1	北京（6）	延庆区旧县镇运动休闲特色小镇 门头沟区王平镇运动休闲特色小镇 海淀区苏家坨镇运动休闲特色小镇 门头沟区清水镇运动休闲特色小镇 顺义区张镇运动休闲特色小镇 房山区张坊镇生态运动休闲特色小镇
2	天津（1）	蓟州区下营镇运动休闲特色小镇
3	河北（6）	廊坊市安次区北田曼城国际小镇 张家口市蔚县运动休闲特色小镇 张家口市阳原县井儿沟运动休闲特色小镇 承德市宽城满族自治县都山运动休闲特色小镇 承德市丰宁满族自治县运动休闲特色小镇 保定市高碑店市中新健康城·京南体育小镇
4	山西（3）	运城市芮城县陌南圣天湖运动休闲特色小镇 大同市南郊区御河运动休闲特色小镇 晋中市榆社县云竹镇运动休闲特色小镇
5	内蒙古（2）	赤峰市宁城县黑里河水上运动休闲特色小镇 呼和浩特市新城区保合少镇水磨运动休闲小镇
6	辽宁（3）	营口市鲅鱼圈区红旗镇何家沟体育运动特色小镇 丹东市凤城市大梨树定向运动特色体育小镇 大连市瓦房店市将军石运动休闲特色小镇
7	吉林（2）	延边州安图县明月镇九龙社区运动休闲特色小镇 梅河口市进化镇中医药健康旅游特色小镇
8	黑龙江（1）	齐齐哈尔市碾子山区运动休闲特色小镇
9	上海（4）	崇明区陈家镇体育旅游特色小镇 奉贤区海湾镇运动休闲特色小镇 青浦区金泽帆船运动休闲特色小镇 崇明区绿华镇国际马拉松特色小镇

序号	地区（数量）	小镇名称
10	江苏（4）	扬州市仪征市枣林湾运动休闲特色小镇 徐州市贾汪区大泉街道体育健康小镇 苏州市太仓市天镜湖电竞小镇 南通市通州区开沙岛旅游度假区运动休闲特色小镇
11	浙江（3）	衢州市柯城区森林运动小镇 杭州市淳安县石林港湾运动小镇 金华市经开区苏孟乡汽车运动休闲特色小镇
12	安徽（3）	六安市金安区悠然南山运动休闲特色小镇 池州市青阳县九华山运动休闲特色小镇 六安市金寨县天堂寨大象传统运动养生小镇
13	福建（3）	泉州市安溪县龙门镇运动休闲特色小镇 南平市建瓯市小松镇运动休闲特色小镇 漳州市长泰县林墩乐动谷体育特色小镇
14	江西（3）	上饶市婺源县珍珠山乡运动休闲特色小镇 九江市庐山西海射击温泉康养运动休闲小镇 赣州市大余县丫山运动休闲特色小镇
15	山东（5）	临沂市费县许家崖航空运动小镇 烟台市龙口市南山运动休闲小镇 潍坊市安丘市国际运动休闲小镇 日照奥林匹克水上运动小镇 青岛市即墨市温泉田横运动休闲特色小镇
16	河南（3）	信阳市鸡公山管理区户外运动休闲小镇 郑州市新郑龙西体育小镇 驻马店市确山县老乐山北泉运动休闲特色小镇
17	湖北（6）	荆门市漳河新区爱飞客航空运动休闲特色小镇 宜昌市兴山县高岚户外运动休闲特色小镇 孝感市孝昌县小悟乡运动休闲特色小镇 孝感市大悟县新城镇运动休闲特色小镇 荆州市松滋市洈水运动休闲小镇 荆门市京山县网球特色小镇
18	湖南（5）	益阳市东部新区鱼形湖体育小镇 长沙市望城区千龙湖国际休闲体育小镇 长沙市浏阳市沙市镇湘湘第一休闲体育小镇 常德市安乡县体育运动休闲特色小镇 郴州市北湖区小埠运动休闲特色小镇

序号	地区（数量）	小镇名称
19	广东（5）	汕尾市陆河县新田镇联安村运动休闲特色小镇 佛山市高明区东洲鹿鸣体育特色小镇 湛江市坡头区南三镇运动休闲特色小镇 梅州市五华县横陂镇运动休闲特色小镇 中山市国际棒球小镇
20	广西（4）	河池市南丹县歌娅思谷运动休闲特色小镇 防城港市防城区"皇帝岭－欢乐海"滨海体育小镇 南宁市马山县古零镇攀岩特色体育小镇 北海市银海区海上新丝路体育小镇
21	海南（2）	海口市观澜湖体育健康特色小镇 三亚市潜水及水上运动特色小镇
22	重庆（4）	彭水苗族土家族自治县－万足水上运动休闲特色小镇 渝北区际华园体育温泉小镇 南川区太平场镇运动休闲特色小镇 万盛经开区凉风"梦乡村"关坝垂钓运动休闲特色小镇
23	四川（4）	达州市渠县龙潭乡宾人谷运动休闲特色小镇 广元市朝天区曾家镇运动休闲特色小镇 德阳市罗江县白马关运动休闲特色小镇 内江市市中区永安镇尚腾新村运动休闲特色小镇
24	贵州（2）	遵义市正安县中观镇户外体育运动休闲特色小镇 黔西南州贞丰县三岔河运动休闲特色小镇
25	云南（4）	迪庆州香格里拉市建塘体育休闲小镇 红河州弥勒市可邑运动休闲特色小镇 曲靖市马龙县旧县高原运动休闲特色小镇 昆明市安宁市温泉国际网球小镇
26	西藏（1）	林芝市巴宜区鲁朗运动休闲特色小镇
27	陕西（3）	宝鸡市金台区运动休闲特色小镇 商洛市柞水县营盘运动休闲特色小镇 渭南市大荔县沙苑运动休闲特色小镇
28	甘肃（1）	兰州市皋兰县什川镇运动休闲特色小镇
29	青海（1）	海南藏族自治州共和县龙羊峡运动休闲特色小镇
30	宁夏（1）	银川市西夏区苏峪口滑雪场小镇
31	新疆（1）	乌鲁木齐市乌鲁木齐县水西沟镇体育运动休闲小镇

附表4

2018 年国家林业和草原局批准的首批国家森林小镇建设试点名单（50 个）

序号	地区（数量）	小镇名称	建设单位
1	北京市（1）	森林蜜蜂特色小镇	密云区白龙潭林场
2	河北省（1）	塞罕坝森林小镇	塞罕坝机械林场总场
3	山西省（1）	七里峪森林特色小镇	太岳林局七里峪林场
4	内蒙古（1）	黑里河森林特色小镇	赤峰市宁城县黑里河林场
5	吉林省（2）	红旗林场森林矿泉文旅特色小镇	辉南森经局
6		露水河森林特色小镇	露水河林业局
7	黑龙江（1）	丹青河森林生态康养小镇	丹清河实验林场
8	江苏省（1）	"半边山下"森林特色小镇	常州市金坛区茅东林场
9	浙江省（1）	宁波四明山森林氧吧小镇	宁波市林场
10	安徽省（2）	皖东风情森林康养小镇——皇甫山国有林场将军凹森林康养特色小镇	滁州市皇甫山国有林场
11		九华山森林特色小镇	池州市青阳县南阳国有林场
12	福建省（3）	建宁闽江源森林养生特色小镇	建宁县闽江源国有林场
13		武夷大安时光森林小镇	武夷山市大安国有林场
14		永泰大湖森林特色小镇	永泰大湖国有林场
15	江西省（2）	茶山红豆杉森林小镇	铜鼓县茶山林场
16		三江森林小镇	安福县明月山林场
17	山东省（3）	清宁康养森林小镇	莱芜市国有马鞍山林场
18		沂山国家森林小镇	临朐县国有沂山林场
19		世上桃园森林生态康养小镇	肥城市牛山林场

序号	地区（数量）	小镇名称	建设单位
20	河南省（2）	济源市愚公森林特色小镇	蟒河林场
21		龙山森林康养特色小镇	国有汝州市凤穴林场
22	湖北省（1）	太子山森林小镇	太子山林管局
23	湖南省（3）	金洞楠木康养特色小镇	金洞林场
24		太阳山森林特色小镇	常德国有林场
25		齐眉界森林小镇	沅陵县齐眉界国有林场
26	广东省（2）	龙门县蓝田瑶族森林小镇	龙门县林业局蓝田林场
27		谷神小镇——北回归线上的森林康养小镇	睦岗街道办事处
28	广西（2）	六万大山森林小镇	六万林场
29		兰花森林小镇	金田林场
30	海南省（1）	霸王岭雨林氧吧小镇	霸王岭林业局
31	重庆市（1）	丰都县三抚林场森林特色小镇	丰都县三抚林场
32	四川省（1）	天盟山森林小镇	广元市利州区天盟山林场
33	贵州省（3）	九龙山森林康养小镇	安顺市西秀区甘堡林场
34		独山县飞凤湖森林小镇	安顺市独山县国有林场
35		乌江森林小镇	遵义市播州区乌江林场
36	云南省（3）	美伊花森林小镇	石林县石林林场
37		石屏县龙韵森林休闲养生特色小镇	石屏县龙朋林场
38		花好月月石林特色小镇	宜良县国有阳宗海林场
39	陕西省（2）	建庄石林特色小镇	延安市桥山林业局建庄林场
40		木王森林特色小镇	商洛市镇安县木王林场
41	宁夏（1）	仁存渡石林特色小镇	仁存渡护岸林场
42	新疆（2）	那拉提石林特色小镇	新源国有林管理局
43		南山小渠子森林特色小镇	乌鲁木齐南山林场
44	内蒙古森工集团（2）	满归红豆小镇	满归林业局
45		相思谷森林特色小镇	阿里河林业局

续表

序号	地区（数量）	小镇名称	建设单位
46	龙江 森工集团（2）	白桦森林小镇	伊春美溪林业局
47		乌马河梅花山旅游小镇	乌马河林业局
48	大兴安岭 林业集团（3）	小扬气镇	松岭林业局
49		古驿小镇	十八站林业局
50		漠河前哨康养小镇	西林吉林业局前哨林场

后　记

《特色小（城）镇培育发展机制创新与质效提升研究》一书，是国家社科基金一般项目（17BYJ047）、国家社科基金重大项目（20&ZD185）、河南省社科规划项目（2019CJJ071）、河南省社科规划决策咨询项目（2021JC11）、河南省自然科学基金项目（212300410326）、广州市哲学社会科学发展"十三五"规划2019年度青年学人课题（2019CZQN38）、河南省高校哲学社会科学应用研究重大项目（2022 - YYZD - 02）、河南省教育厅人文社会科学研究一般项目（2021 - ZZJH - 025）的研究成果，该书从讨论提纲、实地调研、查阅资料、访谈咨询、反复修改，到今天终于付梓了。此时此刻，我们心中既有完成一件事情的欣慰，更有做事没有尽意的遗憾。

在课题研究和本书撰写出版过程中得到了教育部人文社科重点研究基地河南大学黄河文明与可持续发展研究中心主任苗长虹教授，河南省哲学社会科学规划办公室黄向阳副主任，广东金融学院金融保险学院罗向明院长、王汉强书记、李淑君副书记、李勇杰副院长、江正发副院长等多位领导、老师的指导和关心，在此深表谢意。本书出版还要感谢课题组的张永民教授、宋双华高级实验师、靳平副研究员、王录仓教授、欧向军教授等课题组成员，他们参加了课题的设计论证、方案讨论、实地调研和相关研究论文撰写等，在本书的撰写过程中也参考吸纳了他们的研究成果。本书撰写还参考和引用了有关专家学者的许多研究成果，从中吸取了不少有价值的东西，在此谨致诚挚谢意。

本书撰写过程中，在研究水平、对材料的把握等方面都有不足，书中难免会存在许多缺点，敬请各位专家、学者、读者批评指正。

郭　方　郭荣朝

2021 年 12 月